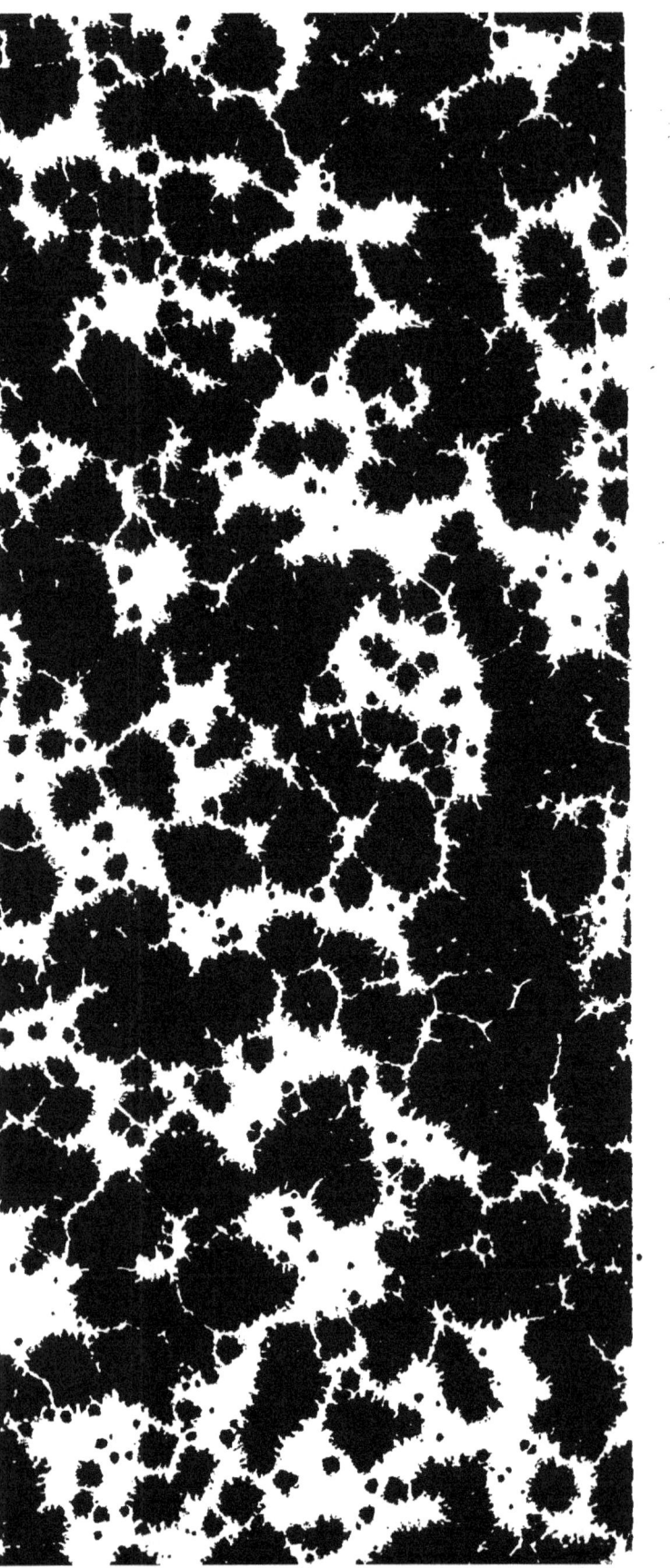

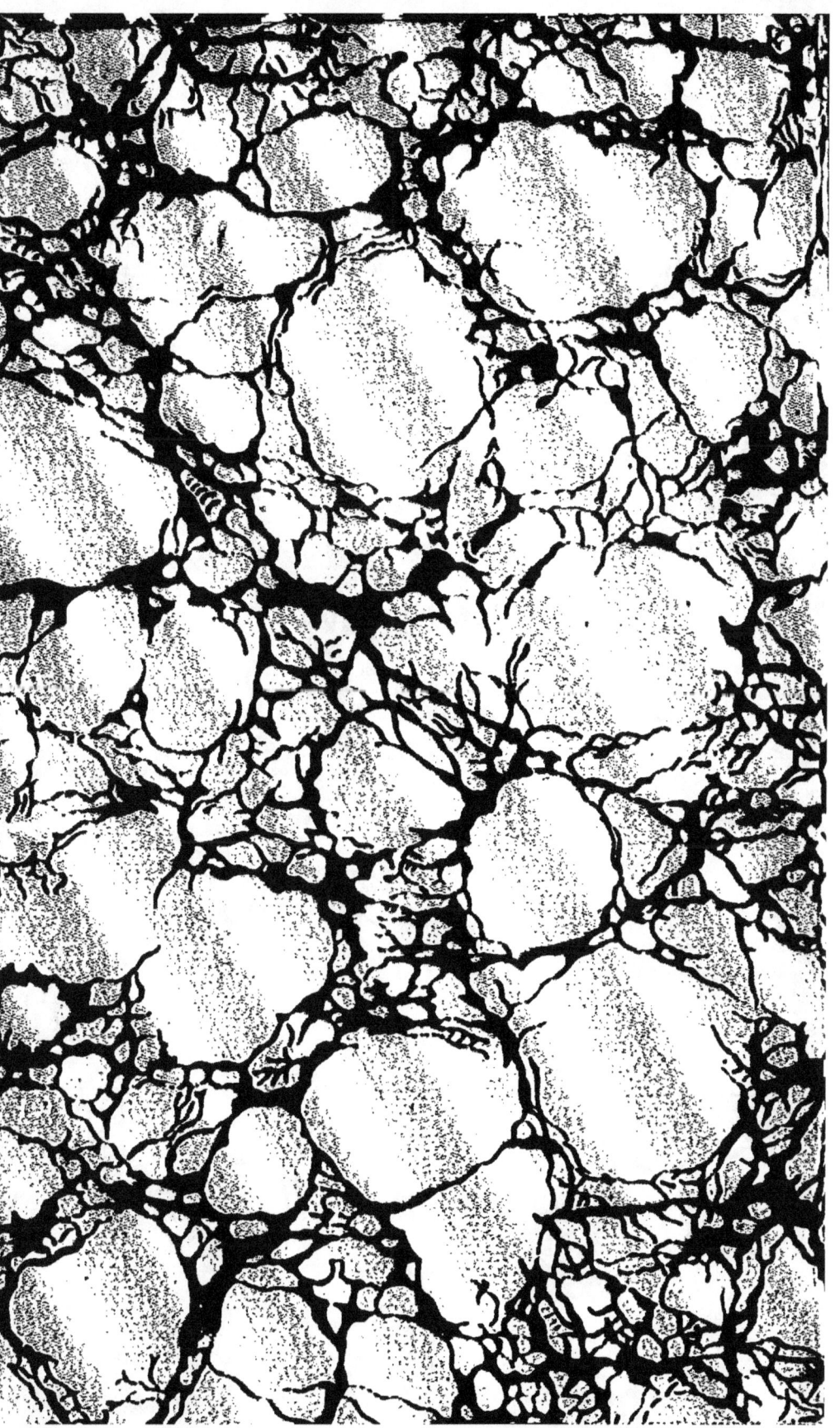

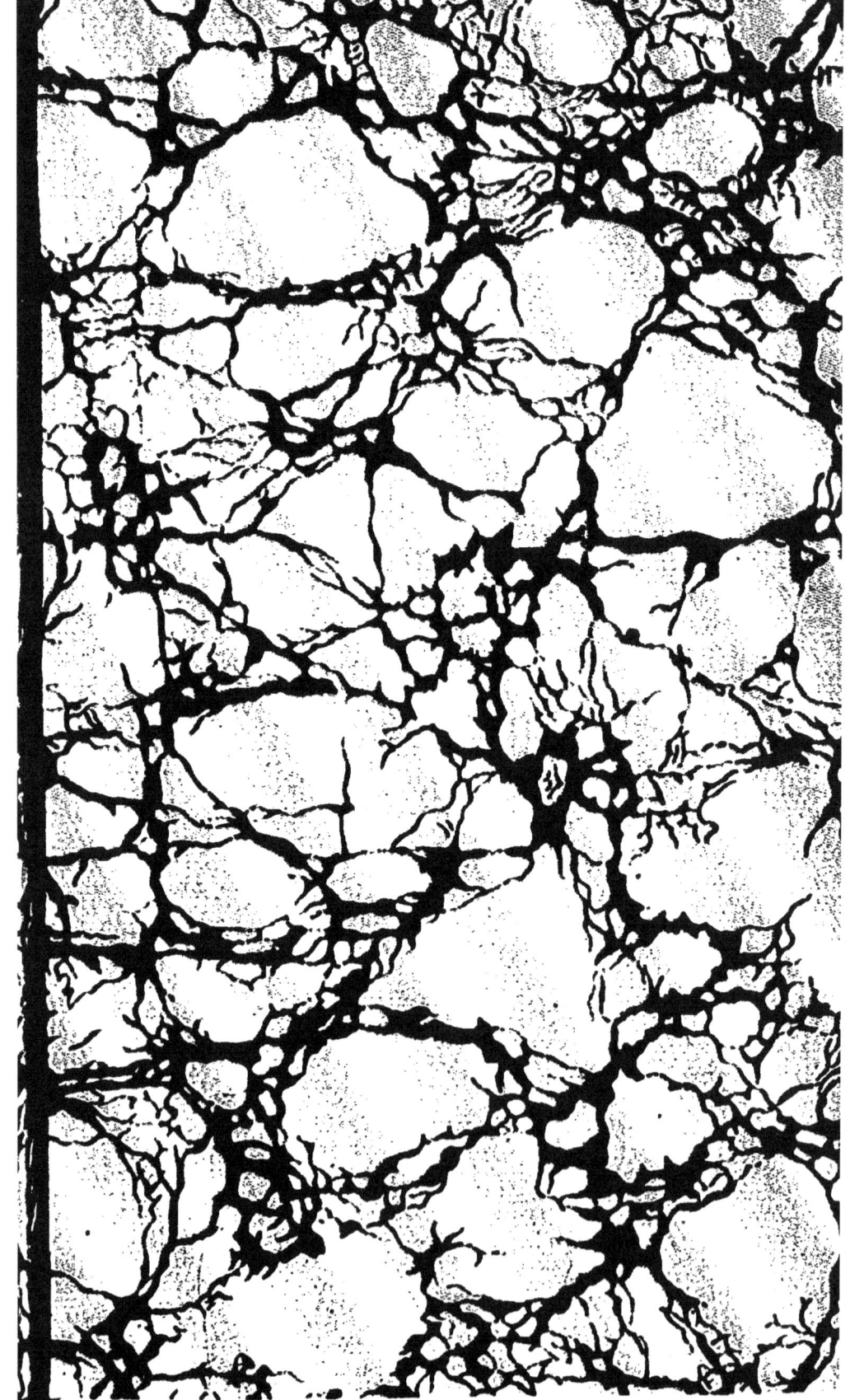

THÉATRE
INTIME

Par HIC

~~~~~~

TOME DEUXIÈME

MARSEILLE
TYPOGRAPHIE ET LITHOGRAPHIE J. CAYER
Rue Saint-Ferréol, 57

1887

THÉATRE INTIME

THÉATRE INTIME

Par HIC

TOME DEUXIÈME

MARSEILLE
TYPOGRAPHIE ET LITHOGRAPHIE J. CAYER
Rue Saint-Ferréol, 57

1887

A LA CHUTE DES FEUILLES

COMÉDIE EN UN ACTE

A ma Mère.

PERSONNAGES :

DEVILLE.
DUCROS, médecin.
LANGLOIS, médecin.
JOSEPH, domestique.
M⁻ DEVILLE.
BLANCHE.

La scène se passe à Marseille.

A LA CHUTE DES FEUILLES

Un salon. — Porte au fond et portes latérales: — A droite, premier plan, un guéridon où se trouvent un timbre, un verre d'eau, du papier et une écritoire. — Près du guéridon, une chaise longue. — Des fauteuils.

SCÈNE PREMIÈRE.

Mme DEVILLE, PUIS JOSEPH.

Mme DEVILLE, *assise, la tête appuyée sur sa main.*

Aucune amélioration ; au contraire, la maladie empire de jour en jour. Pour mettre fin à ces douloureuses incertitudes, j'ai écrit à monsieur Langlois, avec prière de venir de suite auprès de mon mari. Les liens d'amitié qui les ont toujours unis me font bien augurer de ma détermination.

JOSEPH, *entrant.*

Madame, une lettre.

Mme DEVILLE, *se levant vivement et ouvrant la lettre.*

Dieu ne nous abandonnera pas, et j'en vois la preuve dans ces quelques lignes (*elle lit*) : « Quand vous rece- « vrez ma lettre, je serai en route pour Marseille. » Agréez, madame, l'assurance de ma parfaite considé- « ration. Langlois. »

JOSEPH

Qui est ce monsieur Langlois ?

Mme DEVILLE

Une sommité de la Faculté de Montpellier.

JOSEPH

Fasse le ciel qu'il soit plus heureux que monsieur Ducros!... Tenez, madame, je ne suis qu'un ignorant, moi; mais rien ne m'ôterait de la tête que monsieur Ducros n'a pas compris la maladie de monsieur.

Mme DEVILLE

C'est aussi ma crainte.

JOSEPH

Ce n'est pas de cette manière-là que j'aurais traité monsieur, si, au lieu d'être son domestique, j'avais eu l'honneur d'être son médecin.

Mme DEVILLE

Vous, médecin?...

JOSEPH

Je le suis un peu par ma mère. La pauvre femme était fille d'un Espagnol qui était tout à la fois perruquier et médecin. Ah! elle avait une drôle de confiance en ceux qui prétendent nous guérir!... Elle m'a si bien inculqué ses idées que, si je voyais venir un médecin près de moi, je commencerais par faire mon testament.

Mme DEVILLE

Ce sont là de vieux préjugés dont le bon sens doit faire justice; car il est reconnu que la science médicale obtient tous les jours des résultats merveilleux.

JOSEPH

C'est vrai... (A part.) Si merveilleux, qu'elle n'a point

encore découvert de remèdes contre le choléra, la phthisie et tant d'autres maladies...

Mme DEVILLE

Ne dites point à mon mari que j'ai écrit à monsieur Langlois; son moral pourrait en être affecté.

JOSEPH

Moi, effrayer monsieur!... Je lui dis au contraire, chaque fois que l'occasion s'en présente : « Courage, monsieur!... ça ne sera rien... Vous vivrez autant que Mathusalem!... » Et puis le docteur arrive, et voilà que monsieur retombe dans ses idées noires. Oh! les médecins!... (*En se retournant, il voit entrer Ducros.*) Quand on parle du loup, on en voit... la tête.

SCÈNE II.

LES PRÉCÉDENTS, DUCROS.

DUCROS, *saluant.*

Madame, j'ai bien l'honneur...

Mme DEVILLE

Joseph, approchez un fauteuil à monsieur Ducros. (*Elle s'asseoit.*)

DUCROS, *s'asseyant.*

Notre cher malade a-t-il passé une bonne nuit?...

Mme DEVILLE

Son sommeil a été souvent interrompu par des tiraillements nerveux et une toux sèche et opiniâtre... Les sueurs ont été plus abondantes que la nuit dernière.

JOSEPH, *à part.*

Ce n'est pas étonnant, on lui a fait boire hier un hectolitre de tisane, et nous sommes au mois d'août.

DUCROS

Ces sueurs ne présagent rien de bon. Hélas, madame, je ne dois pas vous cacher que votre mari est plus mal que je ne le voudrais.

Mme DEVILLE, *émue.*

Serait-ce vrai, docteur?... Si vous faisiez une consultation?...

DUCROS

J'allais vous la proposer. Demain je viendrai avec deux de mes confrères, docteurs d'un grand mérite, afin de connaître leur opinion sur la médication que j'ai suivie et celle que je devrai suivre.

JOSEPH, *à part.*

Et, comme il va leur faire gagner de l'argent, il est probable que (*appuyant*) ses collègues lui donneront raison.

Mme DEVILLE, *après réflexion.*

Oui, attendons jusqu'à demain... Quelle est la vraie maladie de mon mari?...

DUCROS

Votre mari est phthisique, et la chute des feuilles pourrait bien lui être fatale...

Mme DEVILLE, *se levant vivement.*

A la chute des feuilles?... Mon mari n'aurait donc plus que deux mois à vivre... (*Elle tombe éperdue dans un fauteuil.*) Oh! c'est impossible!...

DUCROS

Je dis à la chute des feuilles... comme cela pourrait aller jusqu'au printemps... (*Joseph hausse les épaules.*) Je ne suis pas infaillible, moi!...

JOSEPH, *à part.*

Heureusement.

DUCROS

Il faut empêcher que votre fille ne s'approche de son père, et vous, madame, éviter de vous trouver... (*avec intention*) seule avec lui.

Mme DEVILLE, *se levant.*

Est-ce pour mon mari ou pour moi?

DUCROS, *se levant.*

Pour vous.

Mme DEVILLE

Alors, docteur, vous me permettrez de ne pas vous obéir.

DUCROS

Mes recommandations, faut-il vous l'avouer, s'adressent moins à vous-même qu'à votre mari. Vos regards, vos attentions, votre tendresse trop démonstrative peuvent allumer en lui des désirs qu'il vaut mieux prévenir que réprimer.

Mme DEVILLE

Mais, à l'égard de ma fille, quel danger y a-t-il pour mon mari?...

DUCROS

Le danger n'existe que pour elle. Il vous faudra donc la soustraire aux caresses de son père, et même l'éloigner de lui, si vous voulez qu'elle échappe à la cruelle maladie dont elle porte déjà le germe. Les enfants des phthisiques (*appuyant*), quand on n'arrête pas chez eux le mal au début, subissent presque toujours le sort de ceux qui les ont créés.

Mme DEVILLE

C'est affreux!...

JOSEPH, *à part*.

Cet homme-là nous fera devenir fous.

DUCROS

Je comprends votre anxiété... Mais que faire quand le mal existe!...

JOSEPH

A quoi donc sert la science?...

DUCROS, *bas*.

Madame, j'ai à vous parler confidentiellement.

Mme DEVILLE

Joseph, allez aider monsieur à se lever, et vous l'accompagnerez ici.

JOSEPH, *sortant par la porte de droite*.

O ma mère, comme vous jugiez bien les médecins, quand vous les compariez à des ânes bâtés!...

SCÈNE III.

Mme DEVILLE, DUCROS.

DUCROS

La science est ennemie des périphrases, et le médecin doit avertir du danger... Comme je vous l'ai dit tantôt, je crains que votre mari ne succombe à la chute des feuilles... (*Madame Deville tombe en pleurant dans un fauteuil.*) A quoi bon se désoler ainsi?... Votre jeunesse, votre beauté, votre fortune pourront rendre ce veuvage de courte durée (*la regardant avec intention*), et une seconde union moins tourmentée ne tarderait pas à vous faire oublier la première.

Mme DEVILLE, *se levant et avec dignité.*

Je suis la femme de monsieur Deville, et ne porterai jamais un autre nom que le sien.

DUCROS

Vos idées se modifieront peut-être avec le temps. C'est pour cela, chère madame, que vous devez engager au plus tôt monsieur Deville à régler ses affaires... N'ayant qu'un enfant, il a le droit de vous léguer la moitié de ses biens.

Mme DEVILLE

Je veux que ma fille hérite de toute la fortune de son père.

DUCROS, *à part.*

Voilà qui dérange mes projets!... (*Haut.*) Vous pourriez vous en repentir... Les enfants sont ingrats...

Mme DEVILLE, *indignée.*

Ma fille, ingrate! elle! oh! non!... Savez-vous, docteur, que, pour exercer votre profession, il ne faut avoir ni tendresse, ni pitié!... Quelle opinion auriez-vous d'une femme qui suivrait ces conseils?...

DUCROS

Mon ministère m'oblige de vous éclairer... Si vous n'avez pas la fermeté que votre situation exige, je l'aurai pour vous, et j'instruirai votre mari de la gravité de son état et des moyens qu'il doit prendre afin de vous assurer...

Mme DEVILLE, *l'interrompant.*

Au nom de ce que vous avez de plus sacré, ne faites pas cela, monsieur!...

DUCROS

Malgré tout mon désir de vous être agréable, je ne faillirai pas devant la mission que j'ai reçue de Dieu et des hommes. Je dois dire la vérité à monsieur Deville, et par conséquent lui parler des choses qu'il va quitter et des devoirs qu'il a à remplir.

Mme DEVILLE

Vous voulez donc tuer mon mari?... Ah! laissons-lui ses illusions!... Entretenons-les en le berçant de l'espoir d'une prochaine guérison; car la peur de la mort fait souvent plus de victimes que le mal lui-même.

DUCROS

C'est bien douloureux pour moi; mais ma conscience, la dignité de ma profession me...

Mme DEVILLE

Silence!... mon mari va venir... Je sors afin qu'il ne s'aperçoive pas de mon trouble. (*Elle entre à gauche.*)

SCÈNE IV.

DUCROS, *seul; il la suit du regard.*

Elle est jeune, elle est belle!... Si son mari teste en sa faveur, madame Deville aura, outre sa dot, plus de cinq cent mille francs de fortune... Ce sera un riche parti... Et pourquoi n'y prétendrais-je pas?... Je suis veuf... La loi interdit au médecin d'être l'héritier d'un malade qu'il a soigné, et (*riant*), chose bizarre, elle ne lui défend pas d'épouser sa veuve!... Allons, allons, il y a là une bonne affaire... Ne la laissons pas échapper...

SCÈNE V.

DUCROS, JOSEPH, DEVILLE, *s'aidant de Joseph.*

JOSEPH

Vous auriez pu venir sans vous appuyer sur mon bras... Vos jambes me semblent plus solides qu'elles ne l'étaient hier. (*Il le fait asseoir sur la chaise longue.*)

DEVILLE

C'est ce que tu me dis chaque fois que tu me conduis, et je sens pourtant que mes forces diminuent de jour en jour... Docteur, excusez-moi de vous avoir fait attendre. (*Joseph sort.*)

DUCROS, *s'asseyant près de Deville.*

Comment vous trouvez-vous?

DEVILLE

Plus faible que jamais... J'éprouve des tiraillements atroces... J'ai faim; oui, docteur, je crois que si je mangeais, cela me ferait du bien.

DUCROS

Dieu vous en garde!... Il faut se défier de cet appétit qui est pour moi l'indice d'une grande irritation. (*Il lui tâte le pouls, en indiquant, par un jeu de physionomie, que l'état du malade est grave.*) Toujours cette maudite fièvre!...

JOSEPH, *apportant un flacon.*

J'ai oublié de donner à monsieur son sirop. (*Il verse une partie du contenu du flacon dans un verre et le présente à Deville qui le boit.*) Ce sirop coûte dix francs le flacon. (*A Ducros.*) Le pharmacien m'a affirmé que ce remède est excellent, et que, lorsque monsieur en aura pris une centaine de flacons, il s'en trouvera mieux. (*Bas.*) Est-ce au malade ou au pharmacien que cela profitera ?

DUCROS, *piqué.*

Il faudra le lui demander, quand vous y retournerez. (*A Deville.*) Cette fièvre continue, que mon traitement n'a pu combattre, m'inquiète... (*A part.*) Je suis indécis... Ordonnerai-je une nouvelle application de sangsues ou bien le médicament à la mode ?... (*Réfléchissant.*) Ma foi, s'il ne le guérit pas, il lui fera prendre patience... (*Haut.*) Je vais voir l'effet de ce médicament.

DEVILLE, *à Joseph.*

Encore un essai.

JOSEPH

Les physiologistes emploient pour cela des chiens, des lapins, des grenouilles (*à part*) ; les médecins se servent de leurs clients.

DUCROS, *écrivant.*

« Vingt centigrammes acide arsénieux dont on fera « dix paquets. » (*A Joseph.*) Allez chercher cette ordonnance.

JOSEPH, *prenant le papier.*

Hier, c'était de la mauve (*sortant*) ; aujourd'hui, c'est de l'arsenic. (*Revenant sur ses pas et avec intention.*) Toujours chez le même pharmacien ?

DUCROS

Cela va sans dire, puisque je vous y ai recommandé.

JOSEPH, à part.

Il doit avoir un tant pour cent sur les fournitures de l'apothicaire. Ils appellent cela une remise (*sortant*), c'est une escroquerie...

SCÈNE VI.

DUCROS, DEVILLE, puis JOSEPH.

DUCROS

Vous mettrez un des paquets que Joseph va apporter dans un demi-verre d'eau, dont vous boirez la moitié le matin et l'autre moitié le soir... Faites attention de n'en pas mettre davantage. Vous vous empoisonneriez, si vous preniez les dix paquets à la fois...

DEVILLE

Vraiment, ces dix paquets pourraient...

DUCROS

Il n'en faudrait même pas tant pour tuer l'homme le plus robuste.

DEVILLE

Je n'oublierai pas votre recommandation.

DUCROS, *avec douceur*.

Mon cher ami, Dieu, en nous donnant l'intelligence, nous a donné la force de supporter les maux auxquels nous sommes soumis. Toutes les religions nous apprennent que mourir c'est renaître. Sachons donc obéir à notre destinée. Vous allez mieux, et je pense que vous serez bientôt complètement rétabli

DEVILLE, *avec intention*.

Oui, docteur, bientôt je serai complètement... rétabli.

DUCROS

Néanmoins, il faut tout prévoir... Je vous exhorte à vous occuper des intérêts de madame Deville et à faire en sa faveur les dispositions que votre cœur vous dictera. (*A part.*) Je crois qu'on ne pourrait pas agir avec plus de ménagement.

DEVILLE, *d'un rire sardonique*.

Je vais mieux; mais vous m'engagez à faire mon testament.

DUCROS

La prudence le commande.

DEVILLE

Ah! ah!... je vais mieux; mais je dois me préparer à la mort.

DUCROS

C'est le devoir d'un homme bien portant, c'est celui d'un sage.

DEVILLE

Le testament est inutile : j'ai un enfant.

DUCROS, *à part*.

Ça me contrarie. (*Haut.*) Si votre enfant devenait héritière, madame Deville n'aurait plus alors que sa dot.

DEVILLE

C'est juste. Je laisserai à ma femme la jouissance de ma fortune. (*Satisfaction de Ducros.*) Elle chérit trop son enfant pour supposer qu'elle songera jamais à se remarier. Elle voudra vivre avec mon souvenir... (*Ducros hausse les épaules.*) Elle se rappellera combien je l'ai aimée, et que c'est pour l'avoir tirée du tombeau que j'y descends à l'âge de trente-quatre ans.

DUCROS

C'est, en effet, pour l'avoir sauvée des suites malheureuses de sa seconde couche, que vous êtes malade.

DEVILLE

Je n'ai jamais tenu à la vie pour moi. Tout ce que je regretterai, en quittant le monde, ce sera ma femme et ma fille.

DUCROS

Il faut espérer que vous vivrez.

DEVILLE, *avec ironie.*

Certainement, puisque je vais mieux.

DUCROS

J'ai encore une recommandation à vous faire. Votre affection trop vive pour votre femme et votre enfant peut surexciter votre organisation impressionnable et annihiler les effets des remèdes que j'ordonne. Il faut donc, dès à présent, restreindre les épanchements, les effusions de votre cœur pour les deux êtres que vous chérissez.

DEVILLE

Quoi! je ne pourrai plus les embrasser, ni même leur parler?... (*Pleurant.*) Oh! ce sacrifice est au-dessus de mes forces!

DUCROS

Je suis désolé de vous imposer cette privation; elle est pour le moment nécessaire... à votre rétablissement.

DEVILLE, *après réflexion.*

Est-ce ma femme qui vous a suggéré cette idée?

DUCROS

Votre femme!... Vous qui connaissez son cœur, devriez-vous m'adresser une pareille question?

DEVILLE

C'est vrai. Et combien de temps durera ce nouveau supplice?

DUCROS

Jusqu'à votre complète guérison.

DEVILLE, *avec intention.*

Et, comme je vais mieux, elle ne se fera pas attendre... n'est-ce pas, docteur?

DUCROS, *embarrassé.*

Sans doute.

JOSEPH, *entrant.*

Voici les dix paquets. (*A part.*) De l'arsenic, pouah!...

DUCROS

C'est bien compris : un seul paquet dans un demi-verre d'eau. (*Se levant.*) Continuez le même régime : abstenez-vous de nourriture, évitez les moindres émotions et gardez le repos le plus absolu. A ce soir. (*Il sort.*)

SCÈNE VII.

DEVILLE, JOSEPH.

DEVILLE

Ce soir!... Sais-je si j'irai jusqu'à ce soir!... O mon bon Joseph, bientôt il faudra nous séparer pour toujours!

JOSEPH

Nous séparer?... Pas encore... Tel que vous me voyez, j'avais été condamné par les médecins pour une lésion au cœur. D'après eux, je ne devais pas atteindre ma vingtième année. Lors de la conscription, je tirai le numéro trente-trois, — le sort me faisait militaire, moi qui aurais désiré être évêque; — et quand je parus devant le conseil de révision, les chirurgiens-majors déclarèrent, après m'avoir ausculté, palpé, enfoncé les doigts dans les côtes, que j'étais impropre au service. Un autre en aurait été peut-être humilié, — tout ça dépend des goûts. — Moi, je n'en fus pas excessivement fâché... Regardez mon visage, j'ai cinquante ans, dites-moi si j'ai l'air d'un homme malade?... Vous voyez bien que les médecins, pas plus que les chirurgiens, ne savent ce qu'ils disent... J'entends madame... (*Il sort.*)

SCÈNE VIII.

DEVILLE, Mme DEVILLE, BLANCHE.

DEVILLE, *prenant les paquets qu'il met dans sa poche.*

Avec cela je pourrai mourir sans laisser après moi le soupçon d'un suicide.

Mme DEVILLE, *entrant, suivie de Blanche.*

Eh bien! mon ami, qu'a dit le docteur?

DEVILLE

Ce qu'il me répète tous les jours, qu'avec des soins, de la patience, la santé reviendra.

BLANCHE, *allant à son père.*

Bonjour, papa.

Mme DEVILLE

Blanche, où vas-tu ? (*A part.*) Il me faut donc l'arracher des bras de son père !...

BLANCHE

Je viens embrasser mon bon petit papa.

Mme DEVILLE, *à part.*

C'est horrible ce que je fais là !... (*Haut.*) Blanche, va étudier ta leçon.

BLANCHE

Je la sais. (*Caressant son père.*) Papa, tâche de vite guérir pour que nous allions cueillir des fleurs, courir après les papillons...

DEVILLE, *ému, en l'embrassant.*

Ma chère enfant, Dieu seul peut faire ce miracle.

BLANCHE, *même jeu.*

Aussi je le prie bien, va ! et puisqu'il a dit : « Laissez venir à moi les petits enfants, » il m'accordera ce que je lui demande...

Mme DEVILLE, *elle va pour prendre sa fille.*

Vite, sortez, et allez dire à Joseph....

BLANCHE, *même jeu.*

Petit père, tu ne m'aimes donc plus, puisque maman ne veut pas que je reste avec toi ?...

DEVILLE

Moi ?... (*L'embrassant avec effusion.*) Mais je t'adore !...

Mme DEVILLE, *hésitant, puis emmenant vivement sa fille vers la porte du fond.*

Voyons, mademoiselle, m'obéirez-vous !... (*Blanche sort en regardant son père.*)

DEVILLE, *il la suit des yeux, puis court vers elle et l'embrasse.*

Ma fille, ma fille!... (*Sanglotant et à part.*) Je ne la reverrai plus!... (*Il tombe abattu sur la chaise longue.*)

SCÈNE IX.

DEVILLE, Mme DEVILLE.

Mme DEVILLE

Mon ami, calme-toi, je t'en supplie!...

DEVILLE

Tu as été bien sévère pour notre enfant...

Mme DEVILLE

Je crains qu'elle ne te fatigue.

DEVILLE

Tu parais inquiète?

Mme DEVILLE

Pourquoi le serais-je, quand je vois une amélioration dans ton état...

DEVILLE, *prenant la main de sa femme.*

Ne cherche pas à dissimuler tes appréhensions... Je sais ce que l'avenir me réserve.

Mme DEVILLE, *cachant son émotion.*

L'avenir, Dieu seul le connaît.

DEVILLE

Qui m'aurait dit, alors que j'étais rayonnant de santé, qu'à trente-quatre ans je m'éteindrais de consomption?... J'avais promis de te rendre heureuse, et c'est le malheur que je t'ai apporté... Mais crois bien... (*Lui baisant les mains.*) Tu t'éloignes de moi!...

Mme DEVILLE

Je suis tourmentée... J'ai une migraine insupportable... J'ai besoin d'air... (*S'approchant d'une porte et à part.*) O mon Dieu! pardonnez-moi mon mensonge!...

DEVILLE

Viens près de moi, ma bonne Louise, pour que j'admire encore une fois ton doux visage et que je couvre de baisers tes jolies mains; car, dans quelques jours... je ne le pourrai plus.

Mme DEVILLE, *tressaillant.*

Ne dis pas cela, mon ami!... (*S'approchant.*) Tu vivras, oui, tu vivras pour moi et notre enfant!...

DEVILLE, *prenant avec passion les mains de sa femme.*

Succomber à la fleur de l'âge, mourir quand le cœur est plein de jeunesse et d'amour, te quitter pour ne plus te revoir!... Non, n'est-ce pas, Louise?... (*Il veut l'embrasser.*) Tu me fuis... Mais que t'ai-je donc fait? (*Il se lève en se frappant le front.*) Oh! je comprends!... Oui, je me souviens des paroles du docteur... Malédiction sur moi!... (*Retombant sur la chaise.*) Allez, madame, je ne vous retiens plus.

Mme DEVILLE, *se jetant à ses genoux.*

Mais tu vois bien que je suis auprès de toi!...

DEVILLE, *la repoussant.*

Madame, vous devez obéir à mon médecin... Désormais vous ne serez plus qu'une étrangère pour moi.

(*Pleurant.*) N'était-ce pas assez de mes souffrances physiques, faut-il que je sois frappé dans mes plus chères affections : ma femme, mon enfant?

JOSEPH, *bas, en entre-bâillant la porte du fond.*

Madame, il y a un monsieur qui désire vous parler. (*Plus bas.*) C'est le docteur de Montpellier.

Mme DEVILLE, *s'essuyant les yeux.*

Je veux le prévenir avant qu'il voie mon mari. (*Ils sortent.*)

SCÈNE X.

DEVILLE, *seul.*

Elle s'éloigne de moi (*D'un rire forcé.*) L'ingrate!... Oh! vivre ainsi, c'est mourir mille fois!... Allons, phthisique, que fais-tu sur cette terre?... Si tu es un objet de pitié pour quelques-uns, tu n'es qu'un objet d'horreur pour le reste du monde... Les effluves qui s'échappent de ton corps sont dangereux. Autour de toi, la prudence médicale établira un cordon sanitaire; elle défendra à la famille de te voir, d'habiter ta demeure, de toucher à ce qui t'a appartenu. Si la mort arrive, le feu purifiera tout ce qui reste du phthisique... Et la médecine n'a rien pour te guérir... Elle ne t'accorde pas même, pendant tes longs jours de langueur et de souffrance, les regards, les baisers d'un être aimé!... Il faut en finir avec cette existence!... (*Prenant un pistolet dans sa poche.*) Ce matin, j'ai chargé ce pistolet... J'ai voulu me suicider... Mais la pensée de ne plus revoir ma fille et ma femme a arrêté mon bras. (*Avec dédain.*) Ma femme!... Et c'est pour elle que je retardais le moment de mon trépas!...

(*Avec ironie.*) Madame Deville, prenez patience, dans une heure votre mari vous aura rendue veuve!... (*Remettant le pistolet dans sa poche.*) Maintenant, j'ai mieux qu'une arme à feu, j'ai ce poison... Contraste dérisoire : ce qui doit me donner la santé va causer ma mort. Ces dix paquets d'arsenic me tueront sans bruit. (*Il met de l'eau et le contenu des dix paquets dans le verre.*) On dira que je suis mort... de maladie, et les honnêtes gens me conserveront leur estime. (*Il prend le verre.*) D'où vient que je tremble devant ce breuvage?... Serait-ce le remords?... un avertissement de ma conscience?... ou bien de la lâcheté?... Oui, j'ai peur!... (*Regardant le verre.*) La mort est là!... (*Il réfléchit.*) Allons, allons, quand on veut se tuer, on ne doit pas réfléchir!... (*Il va écouter à toutes les portes.*) Personne ne vient. (*Il se rassied.*) Achevons l'œuvre de destruction que Dieu a commencée!... (*Il approche le verre de ses lèvres.*) On entre... Ce sera pour plus tard.

SCÈNE XI.

DEVILLE, JOSEPH.

(*On voit, dans l'entre-bâillement de la porte du fond, madame Deville et Langlois qui observent cette scène.*)

JOSEPH

Monsieur veut-il passer dans sa chambre?... Madame va recevoir des visites, et elle craint que le bruit de la conversation ne vous incommode.

DEVILLE, *contrarié*.

D'où provient aujourd'hui cet excès de précautions?...

JOSEPH

Je ne sais; mais je suis obligé d'exécuter les ordres de madame.

DEVILLE

Bientôt tu n'auras plus à suivre que ceux-là.

JOSEPH, *l'aidant à se lever et le soutenant.*

Vous croyez?... Eh bien, monsieur, je vous assure que je ne prendrais pas votre fortune à fonds perdus!... Vous nous enterrerez tous. (*Ils sortent par la porte de droite.*)

SCÈNE XII.

Mme DEVILLE, LANGLOIS.

Mme DEVILLE

Oh! monsieur, que de reconnaissance pour votre empressement!...

LANGLOIS

La reconnaissance est de mon côté; je ne pourrai jamais m'acquitter envers monsieur Deville.

Mme DEVILLE

Mon mari doit ignorer que je vous ai écrit. Vous êtes censé, en passant dans notre ville, être venu lui rendre visite.

LANGLOIS

Le cœur donne de meilleurs conseils que l'esprit... Oui, madame, je viens ici comme ami.

Mme DEVILLE

L'ami sera un sauveur.

LANGLOIS

Depuis mon enfance jusqu'au moment où j'ai dû me

séparer de lui pour aller à Montpellier, votre mari a toujours joui d'une parfaite santé, et rien, dans sa complexion, ne faisait présumer le changement que vous m'avez signalé. A quelle cause attribuez-vous cette maladie?

Mme DEVILLE

Il y a six mois qu'à la suite d'une couche laborieuse, puisque mon enfant y a laissé la vie, je restai fort longtemps dans un état désespéré. Durant trois mois, mon mari demeura auprès de mon chevet, sans prendre le moindre repos et comme absorbé par une seule pensée : arracher sa femme à la mort. Son chagrin, ses veilles prolongées, ses fatigues amenèrent chez lui un affaiblissement, une fièvre et une toux qui l'obligèrent de consulter un médecin. Celui-ci déclara qu'il y avait chez mon mari un commencement de phthisie. Depuis lors, toutes sortes de remèdes ont été employés et le mal s'aggrave de jour en jour. Enfin, ce matin, le médecin m'a avoué que mon mari pourrait...

LANGLOIS

A la chute des feuilles... (*Riant.*) Je connais ça... mais depuis longtemps j'ai appris à ne tenir aucun compte de ces prédictions. Le père de monsieur Deville a sauvé le mien de la honte; sans lui je serais le fils d'un failli. Il m'a conservé l'honneur,... je vous jure de faire tout ce qui dépendra de moi pour conserver la vie de votre mari.

Mme DEVILLE

C'est s'acquitter noblement... Monsieur Deville va rentrer; il ne faut pas qu'il nous trouve ensemble. (*Ils sortent.*)

SCÈNE XIII.

JOSEPH, DEVILLE.

JOSEPH, *regardant avant d'entrer.*

Ils sont partis.

DEVILLE, *entrant.*

Ne pourrais-je donc pas rester seul ? (*Il s'asseoit.*)

JOSEPH

Monsieur veut que je sorte ?...

DEVILLE

Toi, mon cher Joseph ?... Non !... Écoute-moi, tu vas me promettre, si Dieu m'appelle à lui...

JOSEPH

Monsieur, ne me parlez pas de cela.

DEVILLE

C'est une supposition.

JOSEPH

Alors, c'est différent.

DEVILLE

Tu vas me promettre de veiller sur mon enfant, de demeurer auprès d'elle... Quant à ma femme, pourquoi m'en occuperais-je !...

JOSEPH

Votre femme ?... Mais c'est un ange !... Ah ! si vous saviez toutes les larmes qu'elle a versées depuis que vous êtes... fatigué !

DEVILLE

Fatigué, dis-tu ?

JOSEPH

A la place de monsieur, j'aurais envoyé la médecine au diable, et je me porterais comme un Turc.

DEVILLE

Qu'aurais-tu fait ?

JOSEPH

J'aurais mangé; tandis que votre corps a été épuisé par des saignées, des vomitifs, des purgatifs, des... et cætéra, et cætéra, sans qu'on ait jamais songé à remplacer ce qu'on lui a pris.

DEVILLE

Le docteur m'a défendu de manger.

JOSEPH

Pardienne! vous auriez trop vite recouvré la santé, et les médecins ne sont point pressés de guérir les malades qui ont de l'argent. Les Chinois sont moins bêtes que nous !... Dès qu'ils sont malades, ils ne paient plus leurs médecins. Ces derniers ont donc tout intérêt à guérir promptement leurs clients... Pourquoi n'imiterions-nous pas les Chinois ?

DEVILLE

Le Français n'imite personne.

JOSEPH

Si je vous avais traité, au lieu de toutes les drogues que l'on vous a fait prendre, je vous aurais administré un remède infaillible, celui avec lequel ma pauvre mère m'a procuré le tempérament que vous voyez.

DEVILLE

Quel est ce remède ?

JOSEPH

Le bifteck!

DEVILLE

Le bifteck, fou que tu es!...

JOSEPH

N'en parlez pas avec dédain!... Mon père et ma mère m'ont donné la vie; mais c'est au bifteck que j'en dois la conservation!.. Oh! monsieur, que de belles choses l'humanité a perdues faute d'un bifteck!... (*A part.*) J'oublie que le docteur attend. (*Il sort.*)

SCÈNE XIV.

DEVILLE, puis LANGLOIS et BLANCHE.

DEVILLE

Il a peut-être raison ; mais maintenant ce serait trop tard. Il n'est rien de plus pénible pour un moribond que de voir des gens bien portants!... On voudrait s'approprier leur santé, la leur voler ou bien leur communiquer son mal... Oh! le mal finirait par me rendre lâche et méchant!... Je suis seul. (*Regardant derrière lui.*) Allons, du courage!... (*Il porte le verre à ses lèvres.*)

JOSEPH, *annonçant.*

Monsieur Langlois. (*Il sort.*)

DEVILLE, *surpris.*

Lui!... (*Posant le verre sur la table.*) Dieu veut donc prolonger mes souffrances!...

LANGLOIS, *entrant.*

Que vois-je!... Tu es indisposé, toi que nous avions

surnommé au collège : l'Hercule Farnèse?... (*Ils s'embrassent.*) Cela ne sera rien.

DEVILLE

Une existence de plus ou de moins, qu'importe!...

LANGLOIS, *le regardant.*

Oh! oh!... de la philosophie!

DEVILLE

Oui, et la bonne philosophie, celle qui enseigne la résignation.

LANGLOIS

Te croirais-tu sérieusement malade?

DEVILLE, *ironiquement.*

Moi! pas du tout!... Je suis un malade imaginaire, un hypocondriaque...

LANGLOIS

Peut-être bien.

DEVILLE

Il est permis de douter, quand on a un embonpoint comme le tien.

LANGLOIS, *riant.*

C'est la montre, c'est l'échantillon de mon savoir-faire. Quelle idée aurait-on de mes talents, si j'étais pâle, maigre, exténué?... Les malades diraient, et ils auraient raison : « Que vient faire chez nous ce médecin, puisqu'il ne se guérit pas lui-même? »

DEVILLE

Tu es toujours de bonne humeur, toi...

LANGLOIS

Seulement avec mes amis, parce que je puis auprès

d'eux me débarrasser de ce ton doctoral que ma profession est obligée de prendre et de garder, afin d'en imposer au vulgaire. (*Il s'asseoit.*) Quelle est ta maladie?

DEVILLE

Je suis poitrinaire, phthisique...

L'ANGLOIS, *l'observant.*

Que te sens-tu?

DEVILLE

Une grande faiblesse, une fièvre continuelle, des sueurs nocturnes et des tiraillements d'estomac.

LANGLOIS

Quelle médication as-tu suivie?...

DEVILLE

Sangsues, saignées, laxatifs, vomitifs, tisanes...

LANGLOIS

Et pour régime?

DEVILLE

La diète.

LANGLOIS, *à part.*

Des saignées et la diète... Quelle logique!... (*Haut.*) Tu as été traité d'après l'ancienne méthode.

BLANCHE, *entrant.*

Papa, ton médecin est bien méchant, il a dit à maman de ne plus me laisser venir auprès de toi.

LANGLOIS, *à part, se levant.*

Voilà bien les enfants terribles!

DEVILLE

Et pourquoi?

BLANCHE

Parce que je prendrais...

LANGLOIS, *l'interrompant en la prenant dans ses bras.*

Mon enfant, vous êtes belle (*il l'embrasse*); mais vous n'êtes pas gentille, puisque vous ne dites rien à l'ami de votre père.

DEVILLE, *après réflexion.*

As-tu compris les paroles de ma fille?

LANGLOIS, *bas.*

Elles prouvent que si le mensonge est un défaut, la vérité est quelquefois pire chez les enfants. (*Regardant le verre qui est sur la table.*) Qu'y a-t-il dans ce verre?

DEVILLE, *embarrassé.*

De l'eau... sucrée... Le sucre ne veut pas se dissoudre.

LANGLOIS, *trempant son doigt dans le verre et le portant à ses lèvres.*

Tu me trompes (*bas*), c'est du poison.

DEVILLE, *même jeu.*

Mais non... c'est du sucre.

LANGLOIS, *présentant le verre à Blanche.*

Tenez, mon enfant, buvez ce verre d'eau... sucrée.

DEVILLE, *retenant Langlois.*

Malheureux, que fais-tu?...

LANGLOIS, *jetant le verre et à demi-voix.*

Me convaincre de ton intention. (*A Blanche.*) Mon enfant, retournez auprès de votre mère. (*Elle sort.*) Ah! monsieur le philosophe, c'est donc ainsi que vous entendez la résignation, vous qui ne savez pas supporter la plus légère souffrance!... A quoi bon se tuer, puisque nous sommes sûrs de mourir!... Je n'excuserais cette résolution que chez les immortels du paganisme (*riant*) ou ceux de l'Académie Française. (*Appliquant son oreille sur les épaules de Deville.*) Tousse... Je n'entends rien. (*Il va pour ausculter la poitrine.*) Qu'est-ce que cela?...

DEVILLE, *embarrassé.*

Mon portefeuille.

LANGLOIS

Ote-le...

DEVILLE, *même jeu.*

Si nous choisissions un autre moment?

LANGLOIS, *il prend le pistolet, et le voyant chargé.*

C'est là ton portefeuille?... Il contient de bonnes valeurs!... Ma foi, elles en valent bien d'autres qui sont cotées à la Bourse!... Fichtre, comme tu y vas!... Du poison et une arme à feu!... (*Riant.*) Je parie que le pistolet était pour tuer ton médecin?... Et voilà la gratitude des hommes!...

DEVILLE

Mieux vaut mourir de suite que d'attendre une guérison qui ne viendra jamais.

LANGLOIS

Qui te l'a dit?...

DEVILLE

Mon médecin.

LANGLOIS

Il peut se tromper, et du reste (*avec gravité*) : « La mort, on doit l'attendre et non se la donner. » (*Riant.*) Voilà un alexandrin qui ferait très bien à la fin d'une tirade. (*Il ausculte la poitrine.*) Parfait, parfait! (*Il lui tâte le pouls.*) Veux-tu savoir le nom de la maladie?

DEVILLE

Je préférerais en connaître le remède.

LANGLOIS

C'est en effet le plus important pour toi. (*Il sonne.*)

JOSEPH, *entrant.*

Monsieur?...

LANGLOIS, *écrivant.*

Vous ferez servir à monsieur Deville, un poulet, une bouteille de bordeaux et un bouillon dans lequel on mettra ce que porte cette ordonnance.

JOSEPH, *à part.*

Voilà de la médecine comme je l'entends. Nous commençons par le poulet, nous aurons bientôt le bifteck. (*Il cherche à lire l'ordonnance en se dirigeant vers le fond.*) Cinquante milligrammes de... de... Quelle vilaine écriture ont les médecins!... Il n'y a qu'une chose qu'ils écrivent d'une manière lisible, c'est la note de leurs honoraires. (*Il sort.*)

DEVILLE

J'aurai une indigestion.

LANGLOIS

Mieux vaut mourir d'une indigestion que par le pistolet ou le poison. Tu es encore une victime que j'arrache à l'ignorance ou peut-être à la spéculation.

DEVILLE

La spéculation?

LANGLOIS

Oui, j'ai vu des médecins plus préoccupés de leurs profits que de la santé de leurs clients!... Je les ai vus donner une grande importance à la moindre indisposition, afin d'effrayer le malade et son entourage, et cela dans le but de multiplier leurs visites et d'arrondir le chiffre de leurs honoraires!

DEVILLE

Mais c'est là un abus de confiance contre lequel la justice devrait sévir.

LANGLOIS

Notre profession est la seule qui soit sans contrôle. Qu'un architecte, un avoué, un notaire compromettent tes intérêts par leur incurie ou leur mauvaise foi, tu as le droit de réclamer des dommages... Mais avec ton médecin, que feras-tu s'il t'envoie *ad patres?*

DEVILLE

Rien, puisque je serai mort.

LANGLOIS

Et les héritiers lui paieront ses honoraires avant toute autre créance; car le médecin jouit d'un privilège que le Code refuse à ton épicier, à ton tailleur ou à ton bottier.

DEVILLE

Cela est absurde.

LANGLOIS

Les Romains infligeaient la déportation et même la mort aux médecins pour leur négligence ou leur impéritie... En France, on punit l'homicide par imprudence; mais la loi n'atteint pas le médecin dans l'exercice de ses fonctions... Et cependant qui plus que lui devrait être surveillé et puni pour les malheurs qu'il peut causer!...

DEVILLE

On s'en rapporte à son serment.

LANGLOIS

Certains hommes ne tiennent à leurs serments que parce qu'ils y trouvent leur intérêt... Quel est l'intérêt du médecin ?

DEVILLE

De faire des visites,... beaucoup de visites...

LANGLOIS

Mais, outre ses visites, qui te dit que le médecin que tu as conduit près du lit de ta femme ou de ta fille, n'abusera pas de son influence. Assure-toi de son honorabilité avant de te renseigner sur ses connaissances médicales. Le savoir, sans la probité, est souvent, dans notre profession, plus dangereux que l'ignorance.

DEVILLE

L'un pourrait nous déshonorer, l'autre ne pourrait que nous tuer.

LANGLOIS

Notre éducation est absurde. Si, au lieu de bourrer notre tête de latin et de grec, on nous enseignait ce qui nous est réellement utile, on ferait de nous des hommes d'action et non de stupides perroquets... Interroge les jeunes gens qui sortent du collège, interroge les bacheliers qui viennent d'obtenir leurs diplômes ; oui, questionne-les sur leurs droits civils, sur l'art de se traiter soi-même et l'hygiène qui convient à leur tempérament ?... Aucun ne saura te répondre. Plus tard, pas un ne saura soigner sa femme à l'heure de l'enfantement !... (*S'animant.*) L'instinct des bêtes vaut mieux !... Apprenons donc à nos enfants à s'affranchir de la tutelle qu'on nous a imposée et qui ne nous permet pas d'accomplir le moindre acte, sans avoir à nos côtés un médecin ou un avocat... C'est alors que l'homme pourra se dire libre; car nul n'est plus indépendant que celui qui sait se passer des autres !

DEVILLE, *applaudissant.*

Bravo, monsieur le professeur!... Te croirais-tu à la chaire de Montpellier?... Les journaux disent que tu y obtiens d'éclatants succès... Tu as été décoré?...

LANGLOIS

Oui, pour avoir soigné des cholériques.

DEVILLE

Tu dois être fier d'une telle distinction?

LANGLOIS

Allons donc!... Il est ridicule qu'un homme soit décoré parce qu'il a fait son devoir !

DEVILLE

Tu portes cependant le ruban?

LANGLOIS

Ma position officielle m'y oblige. D'ailleurs les médecins ne font qu'aider la nature dans son œuvre de conservation. Jamais ils ne prolongeront les jours de celui à qui Dieu a dit : « Tu n'iras pas plus loin. »

DEVILLE

C'est très rassurant.

LANGLOIS

Rappelle-toi cette pensée de Franklin : « C'est Dieu qui guérit et c'est le médecin qu'on paie. » Ta maladie n'a rien de sérieux. Tu as agi au delà de tes forces, et il en est résulté un épuisement qu'une mauvaise médication a aggravé... Tu guériras; mais, pour cela, je te recommande le courage et la patience, deux vertus auxquelles l'art médical doit souvent ses plus belles cures.

JOSEPH, *entrant.*

Monsieur est servi.

DEVILLE, *se levant avec l'aide de Joseph.*

Je vais suivre ton traitement.

LANGLOIS, *l'accompagnant.*

Le bouillon d'abord, puis tu suceras une aile de poulet et tu boiras un demi-verre de bordeaux.

JOSEPH, *à part, en regardant Langlois.*

Et dans quelques jours, nous passerons aux biftecks.

SCÈNE XV.

LANGLOIS, puis Mme DEVILLE.

LANGLOIS, *descendant la scène.*

Voilà les conséquences du système Broussais!... Celui-là voyait partout des irritations (*riant!*), et c'était en affaiblissant le malade qu'il croyait le rendre à la santé.

Mme DEVILLE, *entrant.*

Eh bien, monsieur, que pensez-vous de mon mari?

LANGLOIS

Je suis heureux de vous annoncer que son état n'a rien d'inquiétant.

Mme DEVILLE

J'ai été si souvent trompée dans mes espérances...

LANGLOIS

Mon traitement, qui est l'opposé de celui de monsieur Ducros, ne peut que produire une prompte amélioration.

Mme DEVILLE

Si vous saviez combien on a fait souffrir mon mari!...

LANGLOIS, *riant.*

Pour le guérir.

Mme DEVILLE

On l'a martyrisé; et aujourd'hui encore on veut m'éloigner de lui... On veut refuser à l'époux de voir sa femme et au père d'embrasser son enfant.

LANGLOIS

Toujours pour le guérir!... La torture morale employée comme soulagement, comme calmant!... Tranquillisez-vous, votre mari n'aura plus à subir une pareille médication.

JOSEPH, *entrant vivement.*

Monsieur le docteur, venez vite!... Je crois que monsieur est fou... Il rit, il chante, il dit des choses de l'autre monde.

LANGLOIS, *suivant Joseph.*

Le malheureux aura abusé de mon ordonnance!...

SCÈNE XVI.

Mme DEVILLE, puis DUCROS.

Mme DEVILLE, *s'appuyant sur le dossier d'un fauteuil.*

O mon Dieu! quand finiront mes tourments!... Après l'espoir que m'a donné monsieur Langlois, voilà que maintenant tout s'évanouit comme un rêve!...

DUCROS, *saluant.*

Madame... Eh quoi!... des larmes?...

Mme DEVILLE

Depuis quatre mois je n'ai cessé de pleurer.

DUCROS

Je vous ai prévenue du malheur qui va vous frapper.

Mme DEVILLE

Tout à l'heure encore on me disait... Oh! c'est à en perdre la raison!... (*Elle sanglote.*)

DUCROS, *feignant la douleur.*

Épargnez ma sensibilité... vos pleurs me déchirent l'âme.

SCÈNE XVII.

LES PRÉCÉDENTS, JOSEPH.

Mme DEVILLE, *allant vivement à Joseph.*

Joseph, qu'est-il arrivé à mon mari?

JOSEPH

Rien. (*Bas.*) Le docteur va le conduire ici... Seulement, je conseillerai à madame d'éviter la présence de monsieur.

Mme DEVILLE, *sortant.*

Oui, oui, je le sais... Mon mari n'a plus que de l'indifférence pour moi!...

DUCROS

Monsieur Deville serait-il plus souffrant que ce matin?

JOSEPH

Vous l'avez si bien soigné (*appuyant*), si bien médicamenté que ça va toujours de mal en pis.

DUCROS
Auriez-vous l'intention de me donner des leçons, monsieur Joseph?...

JOSEPH
Mon grand-père était médecin, monsieur le docteur.

DUCROS
Votre grand-père?..

JOSEPH
Et aussi entendu que bien d'autres...

DUCROS
Prétendriez-vous me le comparer?

JOSEPH
Je m'en garderais bien, puisqu'il avait un talent de plus que vous... Il était perruquier et vous ne l'êtes pas.

DUCROS, *à part.*
Cet animal-là est vraiment désagréable!

JOSEPH
Monsieur le docteur, je voudrais bien savoir pourquoi les pays où l'on se porte le mieux sont précisément ceux où il n'y a point de médecins?

DUCROS
Cela vient de... *(cherchant)* cela vient... Ce serait trop long à vous expliquer.

JOSEPH
On a blâmé un écrivain, parce qu'il inscrivait dans son journal, à côté des noms et âges des décédés, les noms des médecins qui les avaient soignés... Cela était fort raisonnable.

DUCROS

Dites donc insensé.

JOSEPH

Moi, je voudrais que les noms des médecins fussent gravés sur la tombe de ceux qu'ils auraient médicamentés. Par exemple : « Ci-gît monsieur Deville ; il fut bon père et bon époux. » Puis plus bas, en gros caractères : « Il fut traité (*appuyant*) par le docteur Ducros, et mourut à l'âge de trente-quatre ans. » De cette manière, les générations présente et future jugeraient du mérite de chaque médecin par le nombre de personnes qu'il aurait expédiées dans l'autre monde.

DUCROS, *piqué.*

Ou bien : « Ci-gît monsieur Joseph ; ce fut un grand bavard et un sot. Il mourut dans un hospice d'aliénés. »

JOSEPH

Et mes descendants feraient ajouter : « Il y vécut longtemps parce que monsieur Ducros n'était point le médecin de cet hospice. »

DUCROS

Insolent!...

JOSEPH

Monsieur, ménagez vos expressions... Les parties ne sont point égales. Vous avez le droit de m'empoisonner avec de l'arsenic ou d'autres drogues, tandis que moi je n'ai que ça (*montrant le poing*) pour me défendre.

DUCROS

Faites en sorte de ne jamais tomber entre mes mains.

JOSEPH

Pas plus dans les vôtres que dans celles de vos confrères.

DUCROS

C'est ce que l'on verra.

SCÈNE XVIII.

LES PRÉCÉDENTS, LANGLOIS, DEVILLE.

DEVILLE. *Il entre, soutenu par Langlois qui le fait asseoir sur la chaise longue.*

Oh! que c'était bon!... Joseph, apporte-moi ce qui... reste... dans la bouteille... (*Il s'endort.*)

DUCROS, *à Joseph.*

Que dit-il?

JOSEPH, *désignant Langlois.*

Monsieur vous expliquera la chose.

DUCROS

Cet homme-là est perdu.

LANGLOIS

Pas encore... Il ne s'est point conformé à mes prescriptions. (*Il se tient près de Deville et l'observe.*)

JOSEPH

Il a presque dévoré le poulet et bu trois verres de bordeaux au lieu d'un demi-verre.

DUCROS

Quel est l'imbécile qui lui a donné ce conseil?

LANGLOIS

Moi, monsieur.

DUCROS

Les malades sont tous les mêmes... Mettez-les en présence d'un charlatan et d'un médecin, et vous pouvez être certain que le charlatan obtiendra leur préférence

JOSEPH, *bas à Ducros.*

Les malades ont tort,... moi je ne ferais pas de distinction.

DUCROS

Dites au malade (*appuyant*) : « Mange, mange, » et vous lui paraîtrez supérieur à celui qui recommandera la diète.

LANGLOIS

Si le malade a faim...

DUCROS

La faim, on doit la combattre par des moyens énergiques. (*S'approchant de Deville.*) Cet homme-là ne s'en relèvera pas... Il faut le saigner... (*Il prend sa trousse.*)

LANGLOIS, *se plaçant entre lui et Deville.*

A quoi bon le saigner, puisqu'il ne doit pas s'en relever?...

DUCROS

De quel droit venez-vous vous interposer entre mon client et moi?

LANGLOIS

Du droit que me donne mon diplôme.

DUCROS, *surpris.*

Mon jeune confrère ignore sans doute qu'il ne peut se rendre auprès d'un malade qu'avec l'autorisation du médecin qui le traite.

LANGLOIS

Pourquoi empêcher un malade d'avoir plusieurs médecins?... Je hais les monopoles sous quelques formes qu'ils se présentent. La concurrence n'effraie que les faibles (*s'inclinant*); et vous, monsieur, vous êtes du nombre de ceux qui n'ont point à la redouter.

JOSEPH, *avec intention*.

Il me semble que ce serait même plus lucratif pour votre profession, puisque, au lieu d'un médecin, le malade pourrait en avoir cinquante.

DUCROS

C'est l'usage... (*A Langlois*.) Et je n'attribue cet oubli des convenances qu'à votre inexpérience ou au besoin de vous créer une clientèle.

LANGLOIS, *avec dignité*.

J'ai été plein de déférence pour vous et vous m'en récompensez par une injure. Cela prouve que vous ne méritez ni les égards ni le respect d'un homme bien élevé.

DUCROS, *colère*.

Monsieur!...

JOSEPH, *à part*.

Bon!... Voilà les médecins qui vont se chamailler!...

LANGLOIS

Je suis l'ami de monsieur Deville, et c'est à ce titre que j'ai mis à son service mes connaissances médicales. Vous, c'est l'intérêt qui vous guide; moi, c'est le cœur... Vous voyez bien, monsieur, que nous ne sommes point concurrents... Vous avez parlé de mon inexpérience, du besoin de me créer une clientèle... Voici ma carte (*la donnant*); elle me dispensera de décliner mon nom et de vous dire quels sont mes droits à votre estime.

DUCROS, *lisant*.

« Langlois, professeur à la Faculté de Médecine de Montpellier. » (*S'inclinant.*) Monsieur, veuillez m'excuser... (*A part.*) C'est par l'intrigue qu'il y sera arrivé.

JOSEPH

Mais vous oubliez votre malade ?...

LANGLOIS, *s'approchant de Deville.*

Il dort du sommeil de l'ivresse. Je crains, en le réveillant, qu'il ne survienne une réaction qui lui serait funeste.

JOSEPH

J'ai un moyen. (*Il sort vivement.*)

DUCROS

Encore un remède de bonne femme.

LANGLOIS

La médecine est représentée sous les traits d'une femme. En effet, qui mieux qu'une femme sait consoler, soigner, soulager.

JOSEPH, *tenant une cuiller.*

Voici le remède.

DUCROS

Qu'est-ce que cela ?

JOSEPH

De l'huile d'olive. (*)

DUCROS, *riant.*

De l'huile !...

JOSEPH

N'en riez pas, monsieur !... Mon père adorait le jus de la treille, et chaque fois qu'il en avait trop abusé, ma pauvre mère lui administrait une cuillerée d'huile... Quelques instants après, mon père reprenait ses sens comme un homme qui vient de faire un bon sommeil.

(*) C'est un médecin américain qui m'a fait connaître les vertus de l'huile d'olive pour combattre l'ivresse.

avoir regardé la porte de gauche, il prend vivement Anaïs par la taille et l'embrasse.)

ANAÏS, *sortant.*

Finissez!... Malgré ses infidélités, je l'aime toujours ce monstre-là !

SCÈNE IV.

CASIMIR, puis OLYMPE.

CASIMIR, *descendant la scène.*

Oh! que les femmes sont gobe-mouches!... (*Il frappe à la porte de gauche.*) A l'autre maintenant... Et dire que j'en ai au moins vingt comme ça, à qui je débite les mêmes rengaines.

OLYMPE, *entrant.*

L'ouvrière n'a rien vu, rien entendu?

CASIMIR

Rien. (*A part.*) Un peu trop.

OLYMPE

Ma réputation serait compromise, si cette fille avait surpris notre conversation.

CASIMIR

Ne suis-je pas là !...

OLYMPE

Vous !... Puis-je compter sur vous?...

CASIMIR

L'arc de triomphe de l'Étoile n'est pas plus solide que mon affection. Quelles preuves voulez-vous, ô mon adorée!... Voulez-vous de l'or, mon sang (*lui présentant les ciseaux de Couture*) ou bien une mèche de mes cheveux?... Parlez et je vous obéirai.

OLYMPE, *à part.*

Si mon mari m'aimait ainsi!... (*Haut.*) Ce que je veux... (*Dramatiquement.*) Oh! ma raison s'égare... Je suis sur le bord d'un abîme... Je sens que j'y glisse... O Casimir! retenez-moi... J'y tombe, j'y tombe!...

CASIMIR, *plein de passion.*

Non, Olympe, tu n'y tomberas pas; mon amour t'élèvera au-dessus de toutes les autres femmes... Écoute, dans une heure, trouve-toi au square des Innocents, et là, nous nous entendrons pour entamer une vie de félicités, oui, Olympe, de félicités éternelles!...

OLYMPE

Oh! jamais!... Moi manquer à mes devoirs, jamais!...

CASIMIR, *même jeu.*

Je t'arracherai à ton stupide mari qui n'a point su apprécier tes charmes; oui, je t'arracherai à ce tyran qui n'a fait de toi qu'une esclave, tandis que tu devrais être reine, comme tu l'es pour moi par la grâce et la beauté. Tu auras des dentelles, des diamants, des voitures...

OLYMPE, *soupirant.*

Des voitures!...

CASIMIR, *même jeu.*

Et pour que notre bonheur soit sans nuages, nous irons, s'il le faut, dans une autre patrie : à Pékin, à Nankin, ou bien... à Pantin... Dans une heure, je serai au rendez-vous; y viendras-tu?... Réponds-moi, avant que ton mari rentre?...

OLYMPE, *tombant assise sur une chaise.*

O mon Dieu!... mon pauvre cœur!... (*D'une voix faible.*) Je ne puis résister...

CASIMIR

Adieu! (*lui baisant les mains.*) A bientôt! (*A part.*) Oh! la blague, ça prend toujours auprès du sexe et ça coûte si peu. (*Sortant.*) Avec les femmes, il faut savoir promettre, et surtout ne pas tenir.

SCÈNE V.

OLYMPE, COUTUREL, *il entre lentement par la porte de droite.*

COUTUREL, *surpris en voyant Olympe, va vivement à elle.*

Qu'as-tu, Olympe?... Tu parais agitée, aurais-tu les nerfs?...

OLYMPE, *elle se lève, en le regardant, et à part.*

Quelle différence avec l'autre!... (*Haut.*) Ce que j'ai?... (*A part.*) Que lui dire?... (*Haut.*) Ce que j'ai?... C'est que je suis malheureuse avec vous.

COUTUREL

Que t'ai-je donc fait?... Ne suis-je pas pour toi aux petits soins, complaisant... bien souvent trop complaisant même?...

OLYMPE

Pour les autres, c'est possible. (*A part.*) Employons la jalousie. Les hommes se laissent facilement prendre à ce qui flatte leur amour-propre.

COUTUREL

Pour les autres!... Mais depuis l'heureux moment où

je t'ai donné mon cœur et mon nom, n'ai-je pas scrupuleusement rempli mes obligations d'époux?... Mon amour est-il moins ardent?... N'est-ce pas, Olympe, que je suis comme le premier jour de notre mariage?... (*Il va pour l'embrasser.*)

OLYMPE, *s'éloignant, avec dédain.*

Je ne veux plus de vos caresses.

COUTUREL

Autrefois tu ne répondais pas ainsi.

OLYMPE

Parce qu'alors vous m'apparteniez entièrement... Aujourd'hui, monsieur a des maîtresses.

COUTUREL

Moi, tromper ma femme!... ma femme qui m'aime tant!... Olympe, chasse ces idées de ton esprit.

OLYMPE

C'est ce que vous voudriez, je le comprends!... Mais je vous arrêterai sur cette pente fatale, et, dès à présent, je vous tiendrai sous clef. (*A part.*) C'est bien trouvé, de cette manière, il ne pourra me suivre. (*Elle se dispose à sortir.*)

COUTUREL

Mais, ma femme, tu es dans l'erreur.

OLYMPE

Non, je ne suis pas dans l'erreur... Moi, une ancienne élève du Conservatoire, me voir délaissée... C'est indigne!... et par un homme de votre âge!...

COUTUREL

Je n'ai que trois ans de plus que toi.

OLYMPE

Que vous êtes grossier!... On voit bien de qui vous êtes le fils...

COUTUREL

Mon père était tailleur, le tien était ressemeleur de... oh! pardon!... cordonnier... en vieux. Je crois que nos origines se valent.

OLYMPE, *irritée*

Il y a des hommes qui relèvent leurs femmes; mais vous n'êtes pas de ceux-là, vous!...

COUTUREL

Allons, Olympe!... (*Il va pour l'embrasser.*) Reviens à de meilleures pensées... Tu sais bien que je n'aime que toi.

OLYMPE.

Cessez vos manières, monsieur!.. Puisqu'il vous faut des jeunes filles d'une noble origine, adressez-vous à elles... Quant à moi je prendrai ma revanche.

COUTUREL

Olympe, tu me feras devenir fou.

OLYMPE, *elle va à la porte du fond et en retire la clef.*

Je sors, monsieur!...

COUTUREL, *la suivant.*

Mais si quelqu'un vient?

OLYMPE

Vous direz que la clef est sous le paillasson. Je veux

que vous restiez ici, mauvais sujet ; j'ai mes raisons pour cela. (*Elle sort et ferme la porte.*)

SCÈNE VI.

COUTUREL, *seul*.

Moi, des maîtresses!... Moi, qui pourrais servir de modèle à un sculpteur, s'il voulait faire la statue de la Fidélité conjugale... O jalousie, que de maux ne causes-tu pas!... La jalousie a, dit-on, son excuse dans l'amour : ma femme m'aime trop... J'entends souvent des gens se plaindre qu'on ne les aime pas assez... Les imbéciles!... Moi, je me plains du contraire. Oh! oui, je serais beaucoup plus heureux, si je ne l'étais pas autant... Aussi, en réfléchissant à mon avenir, ai-je fait mon épitaphe... Je l'ai composée sur un air connu, afin qu'elle se grave dans plus de mémoires. Mes cendres tressailliront de joie, quand le passant s'arrêtera devant ma tombe et qu'il lira : « Épitaphe de Jean-Eustache Couturel, faite par « lui-même, sur l'air du *Pied qui remue*. » (*Il chante lentement*) :

> Ci-gît un honnête tailleur
> Qui fut juste... comme coupeur.
> Il ne garda jamais pour lui
> Un seul morceau du drap d'autrui.
>   Ce fut un bon époux.
> Il eût été l' meilleur des pères,
>   Si le sort jaloux
> N' l'eût privé d'un bonheur si doux...

(*Après un soupir.*) Hélas! oui... Et puis je termine mon couplet (*il pleure*) en priant mes pratiques d'aller consoler ma femme. (*Avec attendrissement.*) Les passants émus verseront des pleurs, et, en regardant leurs pantalons ou en boutonnant leurs redingotes, ils diront : « Oui, Couturel, tu étais un homme juste (*indiquant que ses vêtements sont étroits et courts*), un constant époux, un ami dévoué, un cœur généreux. » (*Il se met au travail.*) On a tant de qualités quand on est en terre... N'aurait-on que celle de ne plus pouvoir faire du mal!... (*On frappe à la porte.*) Entrez!

ALBERT, *de dehors.*

Comment puis-je entrer, quand la porte est close?

COUTUREL, *s'approchant de la porte.*

Prenez la clef sous le paillasson.

SCÈNE VII.

COUTUREL, ALBERT, *portant sa boîte à violon.*

ALBERT, *il entre en riant et regarde la porte.*

De quelle manière vous y êtes-vous donc pris pour fermer ainsi votre porte?

COUTUREL, *embarrassé.*

C'est ma femme qui ..

ALBERT

Vous tient sous clef... Et dans quel but?...

COUTUREL

La jalousie, mon cher, la jalousie, cette vipère que l'amour exagéré engendre, et qui empoisonne notre...

ALBERT, *l'interrompant.*

Allons donc!... Vous perdez la boule, mon vieux!...

COUTUREL

Ma femme croit que j'ai des maîtresses; celui-ci me

prend pour un toqué... Et voilà de quelle manière on juge son prochain.

ALBERT

Votre femme joue la comédie ; elle ne peut être jalouse.

COUTUREL

Vous ne le croyez point ?...

ALBERT

Homme naïf !...

COUTUREL

Vous niez mes mérites... Mais alors comment expliquer ses reproches, ses menaces, cette porte fermée ?...

ALBERT

Faut-il vous le dire ?...

COUTUREL

Eh bien ?...

ALBERT, *après réflexion.*

Gardez vos illusions et donnez-moi mon habit ; il faut que j'aille conduire l'orchestre à une noce.

COUTUREL, *soupirant.*

Il y a donc encore des gens qui se marient ?...

ALBERT

Mon Dieu, oui !... La demoiselle est richement dotée... Je suis pressé, vite, mon habit.

COUTUREL

Vous m'avez mis la puce à l'oreille, et je veux savoir... Oh ! ma tête commence...

ALBERT, *riant.*

A fléchir sous le poids de l'amour que votre femme

ressent... pour vous... Pauvre Couturel!... (*Impatient.*) Mais dépêchons-nous, et donnez-moi mon habit!...

COUTUREL, *vivement.*

Le voici.

ALBERT, *il ôte son paletot et met son habit.*

Je reviendrai ce soir prendre mon paletot. Voyez-le avec attention, je crois qu'il réclame votre ministère. (*Il va pour sortir.*)

COUTUREL, *le retenant.*

Encore un mot... Vous supposez donc que ma femme ne m'aime pas et qu'elle...

ALBERT, *impatient de sortir.*

Surveillez, observez, et vous arriverez à savoir. (*Il se dirige vers la porte du fond au moment où Anaïs entre.*)

SCÈNE VIII.

LES MÊMES, ANAÏS.

COUTUREL, *à Albert.*

Oh! de grâce! ne me quittez pas tant que mademoiselle sera là. (*A Anaïs.*) Si ma femme me trouvait seul avec vous, elle serait capable d'en avoir une attaque de nerfs!...

ANAÏS, *surprise.*

Qu'avez-vous, monsieur Couturel?

ALBERT

Il n'est pas heureux ou du moins il l'est trop : sa femme raffole de lui.

COUTUREL, *à Anaïs.*

Ma femme est jalouse, mon enfant. Oh! si vous vous mariez, ne l'imitez pas.

ANAÏS

Votre femme est jalouse?... Cela n'est pas possible. (*Elle pose son foulard et son ombrelle sur la table.*)

ALBERT

Vous voyez, Couturel!...

COUTUREL

Mais alors?...

ALBERT, *pressé de sortir.*

Je vous laisse... Vous savez que l'on m'attend.

COUTUREL

Au nom du ciel! Anaïs, suivez monsieur, si vous tenez à ma tranquillité.

ANAÏS

Je reviendrai pour prendre le travail que madame Couturel a dû me préparer.

COUTUREL

Si vous saviez ce que c'est qu'une femme jalouse!.. Elle fouille dans mes poches...

ALBERT, *allant à la porte.*

Pour que vous ne visitiez pas les siennes.

COUTUREL, *il l'accompagne tout en cherchant à le retenir.*

Elle me tient sous clef..

ALBERT

Pour que vous ne la suiviez pas..

COUTUREL

Il m'éclaire,... il m'éclaire!...

ALBERT

Souvenez-vous, mon bon, que la jalousie chez la femme n'est bien souvent qu'une feinte.

ANAÏS

Au revoir, monsieur Couturel. (*Ils sortent.*)

ALBERT, *de dehors, en fermant la porte.*

Faut-il remettre la clef sous le paillasson?...

COUTUREL, *s'approchant de la porte.*

Oui, au même endroit où elle se trouvait.

SCÈNE IX.

COUTUREL, *seul.*

Anaïs est une bonne fille, c'est un ange... Il faut dire aussi qu'elle n'est pas encore mariée. Mettons-nous à la besogne... Voyons le paletot du chef d'orchestre. Il m'a dit : « Surveillez, observez et vous arriverez à la vérité. » (*Pendant qu'il regarde le paletot, un papier tombe de la poche de ce vêtement, il le ramasse et lit.*) Une romance qui porte le nom de ma femme!... Je saisis maintenant. Ah! c'est vous, monsieur le chef d'orchestre, vous, un homme d'accord, qui venez troubler l'harmonie de mon ménage?... Vous, qui me serriez la main, il n'y a qu'un instant!... Quelle trahison!... On ne sait plus aujourd'hui à qui se fier!... Lisons : « *Pensez à moi.* » Ce titre me plaît!... (*Lisant.*)

Vous voulez, ma chère maîtresse,

(*Parlant.*) C'est sa maîtresse?... (*Lisant.*)

Prier le ciel pour m'oublier;
Mais Dieu peut-il vous délier
D'un serment fait à ma tendresse.

Ces gueux de poètes mettent Dieu partout, jusque dans leurs infamies... (*Lisant.*)

Vous m'avez donné votre foi.

Elle lui a donné sa foi!... Donc, c'est à n'en plus douter, je suis ce que Molière appelle... Ce premier couplet dit assez clairement que le crime est consommé. (*Regardant la romance.*) Le second parle de leur bonheur, et le dernier est un vœu formé par l'auteur et la femme adultère pour se débarrasser de celui qui les gêne. (*Il lit.*)

Nous avons la même espérance; (*bis*)
Pensez à moi, pensez à moi.

Leur espérance : c'est la mort du mari, la mienne, quoi! Et ce gredin-là a bissé ce vers... Oh! vous me paierez ça, monsieur le musicien!... (*D'un rire convulsif.*) Ah! ah! monsieur Albert!... Vous voulez non seulement ma femme, mais encore mon trépas?... La punition ne se fera pas attendre... Préparons-la. (*Il coud l'extrémité des manches du paletot d'Albert.*) De cette façon, ses bras étant pris, je pourrai lui administrer une volée dont il se souviendra. (*On entend ouvrir la porte.*) Voici ma femme, soyons adroit... J'aurais été un rusé diplomate... (*Regardant Olympe qui entre.*) L'excès de son amour pour moi serait-il la cause de son infidélité?... La jalousie est une mauvaise conseillère... Plus je regarde ma femme et moins je la crois coupable...

SCÈNE X.

COUTUREL, OLYMPE, *agitée*.

COUTUREL

Eh bien! ma chérie, ta colère s'est-elle apaisée?

OLYMPE

Je suis plus que jamais furieuse... Les hommes sont des monstres!...

COUTUREL

Tout à l'heure, tu étais en colère contre moi seul, maintenant c'est contre tous les hommes... Il y a progrès.

OLYMPE

Êtes-vous content des draps que vous vend monsieur Casimir?...

COUTUREL

Comme tailleur, je trouve qu'ils durent souvent beaucoup trop. J'ai l'habitude de fournir aux bons payeurs des étoffes qui s'usent vite, et aux mauvais, celles qui me paraissent d'une longue durée... Voilà de la diplomatie!

OLYMPE

Vous êtes absurde... Je vous défends de ne plus rien lui acheter; sa marchandise est détestable...

COUTUREL, *à lui-même.*

Comme la femme varie!... Cette idée n'est pas de moi, je crois qu'elle appartient au roi Dagobert... Mais qu'importe, elle est vraie. (*Haut.*) C'est toi-même qui m'as engagé à m'adresser pour mes achats à monsieur Casimir, et tu veux à présent que je change de fournisseur. (*Il se met au travail.*)

OLYMPE, *avec hauteur.*

Je sais ce que je dis et cela doit vous suffire.

SCÈNE XI.

LES MÊMES, CASIMIR.

OLYMPE, *avec une colère mal dissimulée.*

Ah! c'est vous, monsieur...

CASIMIR, *à part.*

Quel regard!... (*Haut*). Moi-même, madame, qui viens pour...

OLYMPE

Nous vendre du drap sans doute?...

CASIMIR, *humblement.*

Et vous apporter... (*Olympe s'approche de lui et le pince.*) Oh! sapristi!...

COUTUREL

Qu'avez-vous donc, monsieur Casimir?

CASIMIR

Rien, c'est un cor... (*Amoureusement à Olympe.*) Un corps ravissant (*mettant la main sur son cœur*) qui me fait bien souffrir.

OLYMPE, *avec ironie.*

Monsieur souffre d'un cor.

COUTUREL, *toujours au travail.*

C'est le temps qui va changer.

OLYMPE, *à Casimir.*

Un orage qui se prépare.

CASIMIR, *bas à Olympe.*

Croyez-bien que c'est malgré moi que je ne me suis pas rendu...

COUTUREL

Mais qu'avez-vous donc à chuchoter?... (*A Casimir.*) Parlons affaires... Avez-vous reçu quelques jolis articles pour la saison?

CASIMIR, *il sort un carnet d'échantillons de sa poche et va vivement auprès de Couturel.*

Tout ce qu'il y a de mieux. (*Ouvrant le carnet.*) Choisissez.

OLYMPE, *faisant un signe de tête négatif.*

Couturel, vous êtes trop confiant.

CASIMIR, *qui a vu le signe, va à Olympe et d'une voix suppliante.*

Par pitié, madame (*lui remettant un papier*), lisez ce billet, il vous instruira de tout. (*Il revient près de Couturel et regarde avec lui l'intérieur du carnet.*)

OLYMPE, *lisant.*

« Ma chère amie, il m'a été impossible de me trouver
« au rendez-vous, par suite d'une vente importante que
« j'ai faite à un Levantin. Mes études classiques m'ayant
« appris à me méfier de certains peuples de l'Orient,
« jusque dans les cadeaux qu'ils nous font, j'ai pensé
« que je devais m'en méfier bien davantage en leur vendant
« à crédit. Le Levantin m'a payé... Mais ce que j'ai
« gagné avec lui n'est rien, comparativement au bonheur
« dont j'ai été privé... Viens ce soir, et tu trouveras
« celui qui renonce à tout, à la fortune même, pour
« te prouver son amour. — Soupe chez toi, afin de ne
« pas exciter la défiance de ton tyran. — Casimir. » (*Elle cache la lettre sous son fichu.*)

COUTUREL, *il voit le geste de sa femme.*

Ce que vous me dites me paraît vrai...

CASIMIR, *regardant Olympe.*

Oh! je ne mens jamais!

OLYMPE, *désignant Casimir.*

Monsieur est la loyauté en personne. Ses promesses sont sacrées. Il sacrifierait sa fortune, sa vie même pour ne pas manquer à l'engagement de sa parole... (*Bas à Casimir.*) Vous êtes un imposteur!...

CASIMIR, *bas à Olympe.*

Je vous jure...

OLYMPE

Assez, monsieur; vous voyez bien que vous n'avez plus la confiance de mon mari, et que les plaintes de nos clients ne sont que trop fondées.

CASIMIR

Cependant les derniers articles que je vous ai livrés sont très avantageux et d'une qualité... (*A part.*) Cette pratique va m'échapper.

OLYMPE, *bas à Casimir.*

Ils ressemblent à votre affection, et sont d'une qualité qui égale celles de votre cœur.

COUTUREL, *se remettant au travail.*

Pourquoi diable vous quereller ainsi, vous qui êtes toujours d'accord?

CASIMIR, *bas à Couturel.*

Vous savez que les femmes...

COUTUREL, *à Casimir.*

Le roi Dagobert l'a dit avant nous : « Souvent femme varie... » (*A part, en désignant Casimir.*) Ce n'est pas celui-là qui me ferait ce que Molière appelle...

CASIMIR, *bas.*

Olympe, dites-moi que vous viendrez à ce rendez-vous?..

OLYMPE

J'irai peut-être, mais ce sera pour vous arracher les yeux.

CASIMIR

Vous me priveriez du plaisir de vous admirer, et vous ne le voudriez pas. (*Il va pour lui baiser la main, et au moment qu'il en approche ses lèvres, Olympe lui donne un soufflet.*)

COUTUREL, *il quitte le travail en entendant le bruit du soufflet, et cherche à terre.*

Quelque chose vient de tomber.

CASIMIR

Ne vous dérangez pas (*se frottant la joue*), je l'ai ramassé. (*Bas à Olympe.*) Oh! vous êtes pour moi sans pitié!...

OLYMPE, *surprise en s'approchant de la table.*

Une ombrelle et un foulard!... Je vous y prends cette fois!... Ah! ah! monsieur Couturel, vous profitez de mon absence pour recevoir des femmes?... (*Lui présentant l'ombrelle et le foulard.*) Voilà une nouvelle preuve de votre inconstance!...

COUTUREL

Il n'est venu que l'ouvrière; elle seule a pu...

OLYMPE, *colère.*

Elle ou une autre, peu importe. Cette fille, je la chasserai.

6

SCÈNE XII.

LES MÊMES, ANAÏS.

ANAÏS, *entrant.*

Que vous est-il arrivé, madame ?

OLYMPE

Il est inutile de feindre plus longtemps. Vos visites pendant mon absence trahissent votre conduite. Eh quoi ! vous ne rougissez pas d'écouter un homme marié ?

ANAÏS

Moi, madame ?... Je vous assure que jamais votre mari...

COUTUREL

Tu vois qu'elle t'assure... (*A part.*) Oh ! la jalousie !...

OLYMPE

Je sais bien que vous ne me l'avouerez pas... Mais vous, monsieur Casimir, qui devriez m'aider à les couvrir de honte, vous gardez le silence, quand les preuves sont flagrantes,... quand vous voyez...

CASIMIR

Les apparences trompent quelquefois.

OLYMPE

Elles ne me trompent jamais, moi ; et, dès aujourd'hui, mademoiselle, ne remettez plus les pieds ici...

ANAÏS, *avec dignité.*

Je suis honnête fille, et vous, madame, plus que nulle autre (*bas*), abstenez-vous d'une pareille accusation.

OLYMPE, *surprise.*

Je ne vous comprends pas.

ANAÏS, *s'animant.*

Il y a ici un homme (*désignant Casimir*) qui me laisse insulter; lui, qui devrait être le premier à me défendre... Il se tait... (*A Olympe.*) Aussi bien que moi, vous connaissez le motif de son silence. (*Bas à Casimir.*) Vous êtes un lâche!... L'amour que tantôt vous ressentiez pour moi, disparaît à présent... (*Haut.*) On tient à ses clients... On veut plaire à leurs femmes... On sacrifie tout au dieu du commerce, à Mercure (*bas, avec intention*), celui qui a des ailes... Vous savez...

CASIMIR, *à part.*

Ma position devient embarrassante.

OLYMPE, *à part.*

Cette ouvrière me fait peur... Je crains qu'elle ne se doute...

ANAÏS, *à Couturel.*

Adieu, monsieur... (*Revenant sur ses pas.*) Vous oubliez, madame, que nous avons un petit compte à régler.

OLYMPE

Vous reviendrez, et l'on vous paiera. (*A part.*) Il y a entre cette fille et Casimir un mystère que j'approfondirai (*Anaïs et Casimir sortent, Casimir offre son bras à Anaïs qui le refuse avec mépris.*)

SCÈNE XIII.

COUTUREL, OLYMPE.

COUTUREL, *s'approchant d'Olympe.*

La jalousie causera ton malheur et le mien.

OLYMPE, *réfléchissant.*

Irai-je à ce rendez-vous?...

COUTUREL, *tendrement.*

Olympe, faisons la paix. (*Il veut l'embrasser.*)

OLYMPE, *s'éloignant.*

Vous oubliez bien vite mademoiselle Anaïs... Elle doit vous attendre... Allez, allez... Je ne vous retiens pas...

COUTUREL, *lui prenant la main.*

Mais encore une fois, je t'affirme que...

OLYMPE, *tombant assise sur une chaise.*

Laissez-moi!... Je veux être seule!...

COUTUREL, *à part, en entrant à droite.*

Fuyons afin d'éviter une bordée... Oh! la jalousie, la jalousie!...

FIN DU PREMIER ACTE.

ACTE SECOND

Même décor.

SCÈNE PREMIÈRE.

OLYMPE, *seule, elle est accoudée sur la table et semble réfléchir.*

Je suis allée trop loin avec Anaïs... Ses regards, ses paroles me sont suspects... Elle doit connaître les intentions de Casimir... Cet homme, je le méprise. Une question d'intérêt lui a fait oublier son rendez-vous... Tant mieux!... Et c'est pour lui que j'allais tromper mon mari!... (*Se levant.*) Oh! ma tête!... Comment chasser les idées qui m'obsèdent : idées de coquetterie, de luxe et de plaisirs insensés!... Il m'aurait fallu un homme fort pour me maîtriser, me dompter, et c'est le contraire que j'ai trouvé. La femme est comme les ballons : elle a besoin d'être dirigée. La faiblesse des maris cause la perte des femmes. Le mien est à ses devoirs, il m'aime, que désirer de plus?... Il ne lui manque qu'une chose : la fermeté. Nous sommes faites pour obéir, et quand nous n'avons pas un maître dans notre mari, il nous arrive souvent de le chercher ailleurs; et presque toujours dans l'amant nous trouvons le vengeur de l'époux. (*Résolûment.*) Non, non, je n'irai pas à ce rendez-vous!... (*Elle se dispose à sortir.*) Je vais chez Anaïs pour réparer le mal que j'ai fait... Mais quelqu'un vient...

SCÈNE II.

OLYMPE, ALBERT, *il porte sa boîte à violon*, puis COUTUREL.

ALBERT, *saluant*.

Pardon, madame, si j'entre sans frapper; je pensais rencontrer monsieur Couturel.

OLYMPE

Vous n'aurez pas longtemps à attendre, le voici.

COUTUREL, *entrant et à part.*

Le coupable est avec ma femme. Soyons diplomate et contenons-nous. (*Haut.*) Où vas-tu, Olympe?

OLYMPE

Chez Anaïs pour m'excuser auprès d'elle. J'ai été emportée, injuste à son égard.

COUTUREL

C'est bien, ma femme. Ce retour est d'un bon augure. Si tu sors, ne m'enferme pas.

ALBERT

Madame n'aurait pas la cruauté de nous faire prisonniers... Si c'était avec elle la prison serait un paradis...

COUTUREL, *à part, en regardant Albert.*

Va, va, fais des compliments, vil séducteur; bientôt nous nous expliquerons...

OLYMPE

Non, je ne ferai plus mon mari prisonnier; j'ai à présent une entière confiance en lui. (*A Couturel, en lui prenant la main.*) Mon ami, à tantôt!

COUTUREL, *surpris et à part.*

Quel revirement!... On a fait des baromètres pour le temps, et on n'a jamais songé à en faire pour l'humeur des femmes... Ça durera-t-il? Voilà la question...

OLYMPE, *à Albert qui la salue.*

Au revoir, monsieur.

COUTUREL, *il accompagne Olympe, en regardant Albert, et à part.*

Oui, oui, au revoir!... Voici le moment où la diplomatie devient une nécessité.

SCÈNE III.

COUTUREL, ALBERT.

ALBERT

Eh bien! Couturel, mon paletot est-il prêt?

COUTUREL, *allant à Albert en se croisant les bras, et d'un ton sévère.*

Oui, monsieur.

ALBERT, *à part.*

Qu'est-ce qu'il a mon tailleur?... (*Haut.*) Est-ce que votre femme vous aurait encore... contrarié?

COUTUREL

Monsieur, j'aime ma femme.

ALBERT

Et moi aussi.

COUTUREL

Vous aussi!... (*A part.*) Il l'avoue!... (*Haut.*) Monsieur, une explication est nécessaire : soyez franc et déboutonnez-vous?...

ALBERT

Mais si quelqu'un entrait?

COUTUREL

Déboutonnez-vous moralement et dites-moi la vérité, rien que la vérité.

ALBERT, *surpris.*

Mon tailleur transformé en président de cour d'assises!... Qu'avez-vous donc, Couturel?

COUTUREL

C'est vous qui me le demandez, vous que je regardais comme un ami, vous que j'habille depuis votre enfance, et qui me payez ainsi d'ingratitude?...

ALBERT, *fièrement.*

Couturel, malgré l'ut dièze qu'atteignent vos notes; car vos notes sont parfois fort élevées...

COUTUREL, *l'interrompant.*

Parlez-vous au chanteur ou au tailleur?

ALBERT, *sur le même ton.*

Au tailleur... Vous devez reconnaître qu'après bien des *soupirs*, vous avez toujours été payé, non pas d'ingratitude, mais en belles et bonnes pièces de cinq francs.

COUTUREL

J'ai cette justice à vous rendre... Mais pour moi tout ne se borne pas là... Il y a, monsieur, une chose qui est au-dessus de l'argent, c'est l'honneur!...

ALBERT

Vous êtes pour moi une énigme.

COUTUREL

Vous m'avez dit : « Observez, surveillez... » Eh bien ! voici ce que j'ai trouvé dans la poche de votre paletot. (*Il montre la romance en le regardant fixement.*)

ALBERT

Et puis?...

COUTUREL, *à part.*

Il est calme. (*Haut.*) Il faut que vous soyez bien endurci dans le crime, pour rester impassible devant les preuves de votre culpabilité.

ALBERT

Pas de discours, je vous en prie; j'ai assisté ce matin à une conférence, où l'on traitait de l'influence des betteraves sur la sécurité conjugale, et j'ai assez de discours comme cela... Soyez bref et répondez-moi, êtes-vous fou?...

COUTUREL, *mettant la romance sous les yeux d'Albert.*

Mais enfin, cette romance où se trouve le nom de ma femme (*s'animant*) où vous lui dites : « Toujours à toi, » où votre espérance se traduit par un vœu abominable contre mes jours?...

ALBERT

Couturel, vous m'inquiétez... Vos facultés déménagent.

COUTUREL

Jurez donc que vous êtes innocent?...

ALBERT

Et sur quoi?... Il n'y a chez vous aucun attribut de la Justice... Il n'y a pas même une balance.

COUTUREL, *lui présentant sa mesure.*

Voici qui peut remplacer cet attribut.

ALBERT

Est-ce que jamais la mesure d'un tailleur a eu la prétention d'être juste!...

COUTUREL

Celle d'un musicien le serait-elle davantage?... Oh! ne me poussez pas à bout!... (*A part.*) Montrons-nous plus calme pour le pincer... (*Haut, en lui donnant la romance.*) Voyez et lisez!...

ALBERT, *il chante en lisant, avec satisfaction.*

Vous voulez, ma chère maîtresse,
Prier le ciel...

COUTUREL, *le regardant.*

Votre air ne me convient pas, monsieur.

ALBERT

Vous méprisez ma musique : mon air n'est-il pas tendre et pathétique? (*Il ôte son habit.*)

COUTUREL

Veuillez changer de ton, sinon...

ALBERT

Faut-il le tenir plus bas? (*Il chante sur un ton plus bas.*)

COUTUREL

Taisez-vous, monsieur; vous équivoquez, vous plaisantez, quand vous devriez être humble et suppliant. Êtes-vous, oui ou non, l'auteur de cette romance, dont le dernier couplet est une menace pour mon existence?

ALBERT, *lui tâtant le pouls.*

Vous avez la fièvre, Couturel, allez vous coucher.

COUTUREL, *lui donnant le paletot.*

Vous pourriez vous enrhumer, mettez votre paletot. (*Il aide Albert à mettre le paletot.*) Les explications viendront après.

ALBERT

Mes mains sont retenues... Qu'est-ce que cela signifie?

COUTUREL, *à part.*

Le voilà pris au piège. (*Le regardant avec satisfaction.*) Quel excellent diplomate j'aurais été!... (*Élevant la voix.*) Maintenant, vous m'appartenez, et si vous n'avouez pas votre crime, je vous tue.

ALBERT

L'accusé comparaîtra libre, dit la loi, et vous me privez de l'usage de mes bras... Vous employez l'intimidation, voire même la question, cette monstruosité des siècles passés, et vous prétendez être un homme de progrès... Couturel, vous n'êtes qu'un barbare!... (*Il agite ses bras.*)

COUTUREL, *prenant une chaise et le menaçant.*

Votre vie est entre mes mains... Pas moyen de vous défendre, c'est cousu avec du fil anglais.

ALBERT

Du fil anglais!... Il est bien usé ce fil-là. (*Il brise la couture avec les dents.*) Voilà, rien qu'en lui montrant les dents, ce que devient votre fil anglais... (*Il montre ses mains libres.*)

COUTUREL, *laissant tomber la chaise, et la tête basse.*
La manche est passée... Rendons-nous.

ALBERT

Je puis vous dire, à présent que je suis libre, que la romance trouvée dans mon paletot a pour auteur un commissaire-priseur qui l'a dédiée à une dame Olympe, femme d'un huissier.

COUTUREL, *satisfait.*
Alors l'huissier serait... (*Il rit.*) Ah! ah!...

ALBERT

Les huissiers n'en sont pas plus à l'abri que les autres...

COUTUREL, *s'asseyant.*
Mes idées s'embrouillent, et j'ai besoin de vos conseils.

ALBERT

Vous m'avez inculpé à tort. Vous avez cru que... Oh! je vous pardonne, Couturel!... Les maris commettent souvent ces sortes d'erreurs... Aussi veux-je vous aider à découvrir la vérité. En qualité de chef d'orchestre de théâtre, j'ai conduit bien des intrigues sur des airs plus ou moins mélodieux. J'ai accompagné en sourdine des assassins, au moment où ils perpétraient leurs forfaits, et d'autres fois d'innocentes victimes, au moment qu'elles montaient sur l'échafaud. J'ai vu voler, déshonorer, poignarder, empoisonner, incendier, massacrer, violer, martyriser... Que n'ai-je pas vu au théâtre, ô mon Dieu! Et tout cela sans verser une larme.

COUTUREL, *le regardant avec surprise.*
Quel sang froid! quel courage!

####### ALBERT

Je dois vous paraître cruel?... Eh bien! non... Si les auteurs dramatiques m'apprennent, le soir, en accompagnant leurs œuvres, à mépriser l'humanité plutôt qu'à la plaindre; je vous déclare que, en dehors du théâtre, je suis le meilleur enfant du monde. Toutes les ficelles qui font mouvoir nos mauvais instincts m'étant familières, je puis vous mettre sur la voie; et une fois que vous y serez, provoquez le coupable...

(*D'un ton dramatique.*)

Jusqu'à ce que tes mains dans son sang aient vengé
Par l'homicide fer ton honneur outragé.

####### COUTUREL, *il se lève, en applaudissant.*

Bravo, bravissimo!... Tu me tutoies, cela prouve que tu es mon ami.

####### ALBERT

Entre artistes, le respect est interdit... Car toi aussi, tu es un artiste : Michelet n'a-t-il pas dit qu'il donnerait trois sculpteurs classiques pour un tailleur... Tu es donc trois fois artiste, et comme tel, un triple frère pour moi.

####### COUTUREL

Puisque tu es mon frère, tu pourrais aller pour moi sur le terrain. Je te donnerais pour cette mission tous les pouvoirs, même une procuration par devant notaire.

####### ALBERT, *surpris.*

Serais-tu couard à ce point?... Du reste, ton rival ne se battra pas.

####### COUTUREL

Oh! si j'en étais sûr!... (*Faisant le brave.*)

ALBERT, *d'un ton dramatique.*

Celui qui vient s'asseoir à notre foyer, celui qui, sous le nom d'ami, cherche à nous ravir l'affection de notre femme... celui-là ne se bat pas, parce que c'est un lâche... Voilà du mélodrame pur sang !...

COUTUREL

C'est tout de même désagréable de se battre avec un homme qui vous prend votre femme et qui peut encore vous tuer... cela se voit.

ALBERT

C'est vrai... Mais tu as ta récompense dans l'estime publique... Mieux vaut mourir que d'être...

COUTUREL

Ce que Molière appelle un... (*Résolûment.*) Je marcherai au combat.

ALBERT

Quel est l'homme qui vient le plus souvent chez toi ?

COUTUREL

Monsieur Casimir, mon fournisseur.

ALBERT

As-tu surpris entre ta femme et lui des signes d'intelligence ?

COUTUREL

Oui, oui, des regards, des chuchotements...

ALBERT

Si tu pouvais saisir quelques lettres... Rappelle tes souvenirs...

COUTUREL

Ce matin, ma femme tenait un papier qu'elle a placé là. (*Indiquant sa poitrine.*)

ALBERT

C'est ordinairement la boîte aux lettres du beau sexe. Couturel, il faut avoir cet écrit.

COUTUREL

Je l'aurai.

ALBERT

Ta femme va rentrer. Je serai là (*indiquant la chambre de droite*) pendant l'enlèvement du billet. Je n'en sortirai que lorsque cette pièce à conviction sera en ton pouvoir. (*Il entre à droite.*)

COUTUREL, *l'accompagnant.*

Je l'aurai... oui, je l'aurai... (*Il descend la scène.*) Voici le moment de montrer mes talents... O diplomatie! tu devrais protéger les faibles, et tu ne t'appliques souvent qu'à les opprimer!... Fille de la ruse et du mensonge, viens à mon aide!...

SCÈNE IV.

COUTUREL, OLYMPE.

COUTUREL, *avec douceur.*

As-tu vu Anaïs?

OLYMPE

Je l'ai cherchée partout sans pouvoir la rencontrer.

COUTUREL, *à part.*

Ma femme se radoucit de plus en plus... Soyons adroit... On dit que l'orgueil perd les femmes; essayons.

(*Haut.*) Sais-tu pourquoi Anaïs est venue pendant ton absence ?

OLYMPE

Non.

COUTUREL

Figure-toi que, depuis trois ans, j'ai mis de côté mes petites économies pour t'acheter un châle,... un châle de l'Inde... (*A part.*) Je crois que ça prend.

OLYMPE, *surprise.*

Vraiment, pour moi ?...

COUTUREL

J'avais chargé Anaïs de cette commission, parce que les femmes s'y entendent mieux que les hommes... C'est un châle qui me coûtera au moins cinq à six cents francs ; mais pour toi (*amoureusement*), Olympe, je ne regarde pas au prix.

OLYMPE, *minaudant.*

Que vous êtes gentil, et que vous connaissez bien le cœur de la femme !...

COUTUREL, *à part.*

Quelle pierre de touche que le luxe pour éprouver le beau sexe !... (*Haut.*) N'est-il pas honteux pour ton mari, de te voir sortir avec un simple fichu, quand on a, comme toi, les épaules d'une reine ?... Oh ! fi donc, il me fait horreur !... (*Il dénoue vivement le fichu et l'enlève, le billet tombe, et à part, en le ramassant.*) Je le tiens.

OLYMPE

Rendez-moi ce papier.

COUTUREL

Il me servira.

OLYMPE

Je le veux.

COUTUREL

Que contient-il donc?

OLYMPE

Rien.

COUTUREL

Alors, laisse-le moi ; ce n'est que pour avoir du papier que je suis abonné à deux journaux de seconde main. (*Il chante en mettant le billet dans sa poche.*) « Il faut avoir du papier dans sa poche, on ne sait pas... » (*A part.*) Je suis sûr que, dans toute l'Europe, on ne trouverait pas un diplomate comme moi!...

OLYMPE, *à part.*

Je reste avec lui... Il n'osera pas devant moi lire la lettre de Casimir, et ce soir, je profiterai de son premier sommeil pour la reprendre.

ALBERT, *il entr'ouvre la porte et montre sa tête.*

L'amour vous rend donc égoïste?... Eh quoi!... vous courtisez votre femme au lieu de mettre des boutons à mon pantalon!... Vous me laissez grelotter pendant que vous folichonnez avec elle!... C'est mal, Couturel!... (*Il entre en tenant son pantalon.*)

OLYMPE, *se sauvant par la porte de gauche.*

Un homme en caleçon!... Quelle inconvenance!...

SCÈNE V.

COUTUREL, ALBERT.

COUTUREL

Pourquoi as-tu quitté ton pantalon?

ALBERT

Pour donner un prétexte à mon entrée. C'est là une de ces ficelles souvent employées par les auteurs dramatiques. (*Il va derrière la table pour passer son pantalon.*) Couturel, nous approchons du dénoûment, montre-toi à la hauteur des circonstances, et si tu es...

COUTUREL

Ce que Molière appelle un...

ALBERT, *descendant la scène.*

Précisément, sois sans pitié.

COUTUREL

Je serai féroce... Quel supplice infliger au coupable?

ALBERT

Celui que la dignité te prescrit... Toi seul dois être juge de ton honneur!...

COUTUREL

Je serai juge et bourreau.

ALBERT

Sois énergique, et rappelle-toi que si les tailleurs avaient la conscience de leur force et de leur puissance, ils feraient trembler tous les rois!...

COUTUREL, *surpris.*

Bah!... Et comment cela?...

ALBERT

Parce qu'il ne dépendrait que des tailleurs de faire de tous les peuples des sans-culottes.

COUTUREL

Chut, chut!... Ce n'est pas le moment de parler politique... (*Tirant vivement le billet de sa poche.*) Voici le poulet...

ALBERT, *riant.*

Dévorons-le! (*Ils lisent.*) Ah! mon pauvre Couturel!...

COUTUREL, *consterné.*

Ça y est; je suis ce que Molière appelle un... Et le nom de cet infâme?

ALBERT

Casimir.

COUTUREL

C'est bien lui, c'est mon fournisseur de draps.

ALBERT

Il veut aussi te fournir la coiffure.

COUTUREL

Le gueux! le chenapan!...

ALBERT

Du reste, ces coiffures-là sont aujourd'hui assez bien portées,... et il est des têtes à qui cela ne va pas mal.

COUTUREL, *avec dignité.*

La mienne n'en portera jamais... volontairement.

ALBERT

Très bien!... As-tu remarqué (*l'indiquant*) ce passage?

COUTUREL, *lisant.*

« Soupe chez toi afin de ne pas exciter la défiance de ton tyran... » Quelle audace!...

ALBERT

Quel que soit le dénoûment de ce drame, n'oublie pas que tu dois être maître chez toi. Les ménages ne sont heureux qu'autant que l'homme y montre sa force;

et, comme a dit Chamfort : « Quiconque n'a pas de caractère n'est pas un homme, c'est une chose. » Garde cette lettre. (*Couturel la met dans sa poche.*) Ta femme va venir... Le moment approche... (*Le prenant par le bras.*) Sois grand, beau, sublime dans ta vengeance!... Songe que ce rôle, quand il est bien rempli, est toujours applaudi par la galerie.

COUTUREL, *lui serrant la main.*

Oh! toi seul es mon ami!...

SCÈNE VI.

LES MÊMES, OLYMPE.

ALBERT, *à Olympe.*

Veuillez m'excuser de m'être présenté tantôt dans un costume... peu décent; s'il avait fait moins froid, j'aurais attendu encore quelques instants, car j'ai pu m'apercevoir que j'avais dérangé un tête-à-tête qui promettait d'être fort doux.

COUTUREL, *à part.*

Est-il insidieux!...

OLYMPE, *ironiquement.*

Très doux... Lorsque vous êtes entré, j'étais fort irritée contre mon mari qui m'a pris...

ALBERT

Un baiser?

COUTUREL, *à part.*

Soutenons-le dans son stratagème. (*Haut.*) Je t'ai pris, quoi?... Je ne m'en souviens plus.

ALBERT

Un époux (*donnant un coup d'épaule à Couturel*) a ce droit-là... Une femme doit tout laisser prendre à son mari... Il est si agréable d'accorder... C'est un regard, un serrement de main, un aveu entre deux caresses...

COUTUREL, *à part*.

Oh! qu'il est insidieux!...

OLYMPE

Il est vrai que, par l'institution du mariage, les hommes se sont arrogé des prérogatives.

ALBERT, *avec intention*.

Elles sont réciproques, madame.

COUTUREL

C'est positif, tu as les mêmes prérogatives. Je ne te les ai jamais contestées (*amoureusement*), au contraire... Et comme dit mon ami Albert (*donnant un coup d'épaule à Albert*), entre époux on doit se permettre certaines tendresses qui causent autant de plaisir à celui qui les prend qu'à celui qui les laisse prendre. (*Bas à Albert.*) Hein! comme c'est bien tapé!... Un poète ne s'exprimerait pas mieux. (*Voyant entrer Casimir.*) Ah! voici celui qui veut me...

SCÈNE VII.

LES MÊMES, CASIMIR.

CASIMIR, *il entre en saluant, et bas à Olympe*.

Je vous ai attendue, mais sous l'orme.

COUTUREL, *bas à Albert*.

Ils se parlent.

OLYMPE, *à Casimir.*

Et c'est ainsi que vous m'attendrez toujours.

ALBERT, *bas à Couturel.*

Attention, Couturel!... Voici le moment solennel... (*Comme s'il battait la mesure.*) Une, deux et en avant!...

CASIMIR

Couturel, je viens de recevoir mes assortiments pour l'hiver.

COUTUREL, *se croisant les bras.*

Vous pensez au froid, vous?... Eh bien! je vous assure qu'il va faire chaud, oui très chaud ici. (*Avec sévérité.*) Monsieur, j'ai remarqué que vos visites deviennent fréquentes.

CASIMIR, *embarrassé.*

Les amis sont si rares que, lorsqu'on a le bonheur d'en rencontrer (*il regarde Olympe*) d'aussi vrais, d'aussi dévoués que vous, on profite de toutes les occasions pour s'en rapprocher. (*A Olympe.*) N'êtes-vous pas de mon avis?...

OLYMPE, *troublée.*

En effet, les amis sont si rares...

ALBERT, *bas à Couturel.*

Brusque le dénoûment.

COUTUREL, *allant à Casimir.*

Monsieur, quelles sont vos armes?

SCÈNE VIII.

LES MÊMES, ANAÏS, *entrant sans être vue.*

ANAÏS, *surprise, à part.*

Une provocation!... Le mari aurait-il découvert...

CASIMIR

Mes armes?... Mon blason porte une autruche tenant...

ALBERT, *bas à Couturel.*

Son autruche n'est qu'un canard. (*A Casimir.*) Couturel ne vous parle pas de votre prétendu blason. Il vous demande si vous choisissez l'épée ou le pistolet?...

CASIMIR, *surpris.*

Pourquoi faire?

ALBERT

Pour vous battre, parbleu!...

OLYMPE, *surprise, à part.*

Un duel!...

CASIMIR

Expliquez-vous?...

COUTUREL, *furieux.*

Il faut que je nage dans ton sang, que je te réduise en poussière, oui, il faut que je te tue pour t'apprendre à vivre!...

ANAÏS, *descendant la scène, vient près d'Olympe qui chancelle, et à demi-voix.*

Du courage, madame!...

CASIMIR

Laissez-moi sortir; cet homme ne sait ce qu'il dit.

COUTUREL, *il l'arrête en le prenant au collet.*

Tu resteras... Écoute!... (*A Albert.*) C'est drôle que l'on tutoie ses ennemis comme l'on tutoie ses amis. (*Haut.*) Écoute, Casimir, je suis pour toi une excellente pratique, tu ne le nieras pas... Tu m'as vendu une nuée de rossignols qui nichaient depuis un temps immémorial sur les rayons... Je t'ai toujours payé comme un banquier ... comme un banquier... qui paie... Non content de cela, tu profites encore de ma crédulité pour faire de moi ce que Molière appelle un...

ALBERT, à Couturel.

Oui, oui, nous savons quoi! (A Casimir.) Monsieur, il y a ici un homme que vous avez trompé et qui exige, les armes à la main, une réparation. (Couturel prend ses ciseaux et menace Casimir.)

CASIMIR

Mais qui peut la motiver?... Et sur quoi base-t-il une pareille imputation?

COUTUREL, hors de lui.

Misérable! tu oses le demander!... (Mettant le billet sous les yeux de Casimir.) Lis... Marcheras-tu maintenant!...

OLYMPE, bas à Anaïs.

Je suis perdue!...

ANAÏS, bas.

Êtes-vous nommée dans cette lettre?

OLYMPE, bas et vivement.

Non.

ANAÏS, bas.

Ce matin, vous m'avez insultée; je pourrais profiter de la circonstance pour prendre ma revanche. Je préfère vous sauver. (Elle arrache le billet de la main de Couturel, et après l'avoir parcouru rapidement.) Ce billet est pour moi.

COUTUREL, surpris.

Il est pour vous?... (A Albert.) Je ne m'attendais pas à celle-là.

ANAÏS

Oui, ce billet m'a été adressé par monsieur Casimir.

OLYMPE, *bas à Anaïs.*

Merci !

COUTUREL

Eh bien, Albert, qu'en dis-tu ?

ALBERT, *interdit.*

Mais...

COUTUREL, *bas à Albert.*

Je vais les attraper. (*Haut à Anaïs.*) Comment se fait-il que ce billet soit entre les mains de ma femme, puisqu'il vous était adressé ?

ANAÏS

C'est clair comme le jour, monsieur Casimir l'a remis à votre femme afin de me le faire parvenir ; il n'y a donc rien de surprenant (*appuyant*) que vous l'ayez trouvé entre ses mains.

ALBERT, *à part, riant.*

Eh ! eh ! pour une ingénue, elle s'en tire fort bien la petite ouvrière !...

COUTUREL, *colère.*

Auriez-vous le toupet de me faire croire que des vessies sont des lanternes. (*Bas à Albert.*) Je vais les confondre. (*Haut, s'animant.*) Mais les derniers mots de cette lettre (*appuyant*) : « Soupe chez toi afin de ne pas exciter la défiance de ton tyran. » Ce tyran ne peut être qu'un mari ou un père, et vous n'avez ni l'un ni l'autre, mademoiselle ?

ALBERT, *bas à Couturel.*

Leur ruse est déjouée.

ANAÏS

Ce tyran,... c'est mon propriétaire,... qui est d'une sévérité... oh! mais d'une sévérité inouïe à l'égard des mœurs !

(*Couturel et Albert, stupéfaits, se soutiennent mutuellement.*)

COUTUREL

Et vous voulez me faire avaler cette pilule, à moi, un diplomate?... Jamais un propriétaire n'a poussé jusque-là ses exigences... Mademoiselle Anaïs, vous mentez !...

OLYMPE, *bas à Anaïs.*

Vous m'avez obligée et je veux être reconnaissante. (*Haut.*) Il n'y a qu'un moyen de prouver la vérité, c'est que monsieur Casimir, qui est plein de délicatesse et d'honneur, épouse mademoiselle... (*Bas à Casimir.*) Il le faut, monsieur !...

CASIMIR, *contrarié.*

Certainement que j'en suis enchanté... Mais j'aurais préféré attendre encore... quelques années.

ALBERT, *bas à Couturel.*

Te voilà vengé.

COUTUREL, *serrant la main de Casimir.*

C'est bien! je vous rends mon estime !...

CASIMIR, *à part, haussant les épaules.*

Son estime !.. C'est sa pratique que je veux conserver, le reste m'est fort égal.

OLYMPE, *mettant la main d'Anaïs dans celle de Casimir.*

Votre Levantin a été un envoyé de la Providence : il vous unit à Anaïs (*bas*) et m'épargne un éternel remords.

ANAÏS, *à Couturel.*

Comme le disait ce matin monsieur Casimir, vous voyez que les apparences peuvent être trompeuses.

COUTUREL

J'en conviens. (*A Olympe.*) Et moi qui te soupçonnais ! Me le pardonneras-tu, Olympe ?

ANAÏS

Que c'est laid pour un mari de douter de la fidélité de sa femme !

ALBERT, *bas à Couturel en l'attirant à lui.*

Quand tu rencontreras des Grecs ou des Turcs, découvre-toi ; car sans l'un d'eux, tu serais...

COUTUREL

Ce que Molière appelle un,.. (*Avec indignation.*) Oh !... (*Il va vivement à Olympe et lui prenant la main.*) Olympe n'a jamais aimé que moi.

ALBERT, *à Couturel.*

Croire ! tout est là ! mon ami... Les maris sont comme les aveugles : la confiance est pour eux une nécessité. (*Haut.*) Du reste, le souvenir de cette journée ne sera pas perdu pour tout le monde... N'est-il pas vrai, madame ?

OLYMPE, *désignant Casimir.*

Demandez plutôt à monsieur.

FIN DU DERNIER ACTE.

(1865.)

L'ÉTOILE DU BONHEUR

COMÉDIE EN UN ACTE

A Madame Hippolyte Matabon.

PERSONNAGES :

GOUDARD, rentier.
Ernest GOUDARD.
M⁰⁰ GOUDARD.
MARIE.
FLORESTINE.

La scène se passe à Paris.

L'ÉTOILE DU BONHEUR

Un salon bourgeois. — Porte dans le fond. — Portes latérales au premier plan. — Au second, une fenêtre à droite et une porte à gauche. — A droite, un guéridon sur lequel est un flambeau, et à gauche, un canapé. — Des chaises.

SCÈNE PREMIÈRE
GOUDARD, Mme GOUDARD, *ils jouent aux cartes.*

Mme GOUDARD

Je demande ma revanche.

GOUDARD

Je n'ai rien à te refuser.

Mme GOUDARD

Surtout quand ça ne vous coûte pas grand'chose.

GOUDARD

Méchante, va!... Veux-tu ta revanche au mariage ou à l'écarté?

Mme GOUDARD

Le mariage est vieux comme le monde; je jouerai à l'écarté.

GOUDARD, *riant.*

Je crois que l'écarté date de la même époque... (*Il mêle les cartes.*) Coupe!... (*Il donne les cartes.*) Il retourne cœur.

Mme GOUDARD, *regardant son jeu.*

Si mon mari veut?...

GOUDARD, *regardant son jeu avec satisfaction.*

Non.

Mme GOUDARD, *avec dépit.*

Autrefois vous auriez dit oui.

GOUDARD, *chantant.*

Jadis c'était différent,
Souvenez-vous-en, souvenez-vous-en.

Joue... Je coupe et fais atout!...

Mme GOUDARD

Je n'ai que du trèfle à vous offrir.

GOUDARD

Et moi du cœur.

Mme GOUDARD

Alors, c'est tout à vous... Ce soir, je n'ai pu vous gagner une seule partie... Vous devez avoir triché... (*Colère, en jetant ses cartes.*) De ma vie je ne jouerai avec vous!

GOUDARD, *se levant.*

Voilà bien les femmes!... Elles se décident difficilement à perdre... que ce soit au jeu (*à part*) ou qu'il s'agisse de leurs charmes. (*Haut.*) Tu aurais été sans doute plus heureuse au mariage?

Mme GOUDARD, *se levant.*

Le mariage!...

GOUDARD

As-tu lieu de t'en plaindre?

Mme GOUDARD, *après un soupir.*

Vous savez quels plaisirs il m'a procurés.

GOUDARD

C'est vrai... mariage que Dieu n'a point béni... Nous avons perdu nos enfants. Tous sont morts au berceau.

Mme GOUDARD

Pauvres chères créatures que nous aurions tant aimées !

GOUDARD

Quand on pense qu'il y a des mères qui abandonnent leurs enfants !

Mme GOUDARD, *s'asseyant sur le canapé.*

Ces femmes-là sont heureusement une exception.

GOUDARD

Bien souvent, c'est pour cacher la preuve d'un égarement, d'une faute... La crainte de la honte détruit en elles l'instinct de la maternité.

Mme GOUDARD

Profonde erreur!... En conservant leur enfant, elles montrent le courage de la mère et, par un sacrifice toujours douloureux, elles rachètent notre estime.

GOUDARD

Ma bonne Rosalie, tu parles avec l'éloquence du cœur. (*Il va à la fenêtre.*) J'avais l'intention de te conduire ce soir au théâtre et je vois que le ciel se couvre. Ce temps, qui me contrarie aujourd'hui, me comblait de joie quand j'étais marchand de parapluies... Ce que c'est que les changements de condition !

Mme GOUDARD

Nous passerons notre soirée ici... Mais nous ne jouerons plus.

GOUDARD, *regardant à la fenêtre.*

Mon successeur va faire de bonnes affaires. Il commence à pleuvoir.

Mme GOUDARD

Seriez-vous envieux du bénéfice ?

GOUDARD

Dieu m'en préserve !... Nous sommes riches, trop riches même, et nous n'avons d'autre parent qu'un neveu. (*Il descend la scène.*) C'est égal, j'ai fait avaler de fameuses drogues à mon successeur !... Je lui ai vendu pour de la nouveauté des parapluies fabriqués sous le ministère de monsieur de Villèle.

Mme GOUDARD

Et vous vous flattez de cela ?...

GOUDARD

Mon prédécesseur avait fait bien pis !... Il m'avait vendu des parapluies de coton pour des parapluies de taffetas... On lit cependant sur sa tombe qu'il fut un honnête commerçant.

Mme GOUDARD, *se levant.*

Je crois entendre votre neveu... Viendrait-il se coucher ?...

GOUDARD

Tu sais bien qu'il passe toutes ses nuits à l'Observatoire... As-tu remarqué comme, depuis quelque temps, il a l'air fatigué ?...

SCÈNE II.

LES MÊMES, ERNEST.

ERNEST, *entrant.*

Monsieur et madame Goudard, votre neveu vous salue.

GOUDARD

Nous parlions de toi.

Mme GOUDARD

Votre oncle me disait que vous abusez de votre santé, que vous travaillez trop.

ERNEST

Il est vrai que je suis constamment plongé dans l'étude. Que voulez-vous, ma tante, chacun ici-bas a son penchant, sa marotte. L'un aime les beaux-arts, l'autre la politique; moi je suis fou de l'astronomie... Aussi, mon oncle, viens-je vous prier de me prêter deux mille francs pour acheter un instrument qui m'est indispensable, afin d'arriver à une découverte qui étonnera le monde.

GOUDARD, *surpris.*

Tu as encore besoin d'argent?... Il paraît que les relations avec les étoiles du ciel sont presque aussi coûteuses que celles que l'on noue (*riant*) avec les étoiles de la terre!...

Mme GOUDARD

La muse de l'astronomie est trop exigeante; à votre place, je choisirais celle de la poésie, et nous aurions ainsi le plaisir de suivre vos travaux.

ERNEST, *à part.*

Les femmes sont toujours en cela plus fines que les hommes... Ma tante se douterait-elle?... (*Haut.*) Allons, mon oncle, un bon mouvement!...

GOUDARD

Je devrais te refuser cette somme. Ta passion pour l'étude ruinera ta santé.

ERNEST

Qu'importe, pourvu que je réussisse.

GOUDARD

Fou que tu es!.. Il est vrai qu'à mon âge, tu ne parleras pas ainsi.

Mme GOUDARD, *s'asseyant.*

Vous devez avoir une riche collection d'instruments astronomiques; vous y avez consacré votre patrimoine, et, de son côté, votre oncle, afin de la compléter, vous a déjà donné de gros sacs d'écus!

ERNEST

L'astronomie est une science qui absorberait les mines de la Californie, si l'on voulait posséder tous les instruments nécessaires à sa vaste étude et suivre tous leurs perfectionnements. Songez donc, ma tante, que je suis sur la trace d'une planète, et que si je parviens à la tenir, on m'ouvrira les portes de l'Institut. Vous lirez dans les journaux : « Monsieur Ernest Goudard, après « un labeur opiniâtre, vient de découvrir dans la constel- « lation du Capricorne, — entre Vénus et Saturne, — une « planète de première grandeur, à laquelle ce jeune as- « tronome a donné le nom de son oncle (*appuyant*), en

« reconnaissance des bontés que cet estimable parent a
« eues pour lui. »

GOUDARD, *avec joie.*

Moi, Goudard, je vais devenir une étoile!... L'entends-tu, Rosalie? Je serai près du Capricorne, entre Vénus et Saturne, celui qui est dans un anneau, comme les anciens parapluies!...

Mme GOUDARD, *riant.*

Un gage de fidélité qu'il aura reçu de quelque déesse.

ERNEST

Et puis je serai décoré.

Mme GOUDARD

Faites en sorte que ce soit du Schah de Perse; on dit qu'il y a des diamants à ses décorations.

GOUDARD

Quelle gloire pour nous!... J'ai toujours admiré les mondes inconnus qui brillent dans le firmament. Un soir, que je flânais sur le Pont-Neuf, un monsieur très poli me proposa de me faire voir la lune... J'acceptai; et, l'œil appliqué sur son télescope, je remarquai, à l'aide des renseignements que ce savant homme me fournit, des choses extraordinaires... C'étaient des montagnes, des volcans... Que sais-je, moi!... Je lui remis dix centimes, puis je partis... A peine étais-je arrivé sur le quai de la Seine que je m'aperçus que je n'avais plus ma montre... On me l'avait filoutée pendant que je regardais la blonde Phœbé. Cet événement, je l'avoue, me refroidit un peu pour les choses du ciel.

ERNEST

Ces sortes de désagréments peuvent se présenter partout.

GOUDARD

Quelque temps après, c'était en plein midi, je me promenais sur le boulevard au moment d'une éclipse, lorsqu'un gamin vint m'offrir, moyennant quinze centimes, un verre noirci pour voir la lune pendant son passage entre le soleil et la terre. L'éclipse finie, je sentis le besoin de me moucher. J'étais, ce jour-là, enrhumé du cerveau. Je plongeai la main dans ma poche pour y prendre mon foulard, — un superbe foulard des Indes! — Eh bien! je fus obligé de me moucher... sans mouchoir... Il m'avait été escamoté juste au moment que la reine des nuits était (*riant*) en conjonction avec l'astre du jour.

Mme GOUDARD

Ce sont des leçons dont il faut profiter; elles prouvent qu'il est plus sage de s'occuper de ce qui se fait près de nous que de ce qui se passe dans le ciel ou ailleurs.

GOUDARD

Franchement, je ne suis pas heureux avec l'astronomie qui, sans ces deux circonstances, aurait été ma passion dominante. J'y ai renoncé cependant, quoique la profession de marchand de parapluies me semble exiger l'étude du mouvement des astres.

ERNEST

Faut-il, mon oncle, s'arrêter à d'aussi minimes détails! Les navigateurs, dans leurs luttes continuelles contre les éléments et trop souvent contre l'ignorance des hommes, se découragent-ils?... Non, rien n'attiédit leur ardeur, et ils arrivent au but comme Christophe Colomb. L'inventeur lui-même n'est-il pas exposé à l'hostilité, ce qui est pire encore, aux sarcasmes de ses contemporains?... Néanmoins, il surmonte avec acharnement les obstacles qu'on lui suscite... Et le jour vient enfin où l'humanité lui élève des statues. (*S'animant.*) Suivons leurs exemples!... J'ai la conviction... je vois, je sens... je touche presque la planète qui s'appellera Goudard... Remettez-moi donc la somme que je vous demande; car je vais rendre un immense service à la science, en plaçant aux nues le nom respectable de mon oncle. (*A part, pendant que Goudard sort par la deuxième porte à gauche.*) Si ma tirade ne me fait pas obtenir deux mille francs, c'est à désespérer de l'art oratoire.

GOUDARD, *il rentre en tenant deux billets de banque.*
Tiens, voilà ce que tu désires. Tâche de réussir; car ce sera le dernier argent que je veux perdre à ces folies.

ERNEST
Ce n'est pas folie que de rendre notre nom célèbre en le plaçant dans le ciel, à côté de Saturne et de la déesse de l'amour. (*Il va pour sortir.*)

GOUDARD
Tu ne prends pas ton parapluie?

ERNEST
Quand on est dans le firmament, on est au-dessus des misères terrestres. (*A part.*) J'ai un coupé qui m'attend au coin. (*Haut, en sortant précipitamment.*) Ma tante et mon oncle, au revoir!...

SCÈNE III.

M. et Mme GOUDARD, puis FLORESTINE.

Mme GOUDARD

Je crains que cet argent ne soit mal employé.

GOUDARD

Mon neveu a des sentiments trop élevés pour douter de sa parole... Tu devrais aller te reposer; moi, je vais lire mon journal.

Mme GOUDARD, *se levant.*

Le feuilleton?

GOUDARD

Fi donc!... Je suis pour les hautes questions financières, politiques...

Mme GOUDARD, *riant et avec intention.*

Et économiques.

GOUDARD

Décidément, tu m'en veux aujourd'hui... (*Appelant.*) Florestine!...

FLORESTINE, *de dehors, première porte à droite.*

On y va!...

GOUDARD, *tirant un journal de sa poche.*

J'adore la lecture depuis que je suis retiré des affaires. Le trafic absorbait toutes mes pensées. J'ai remarqué que l'intelligence d'un commerçant décroît à mesure que sa fortune grossit... Que cette fille est lente!... (*Appelant.*) Florestine?...

FLORESTINE, *de dehors.*

J'y vais.

GOUDARD, *impatienté et contrefaisant la voix de Florestine.*

On y va! J'y vais!... (*Criant.*) Viendrez-vous à la fin?

FLORESTINE, *se frottant les yeux.*

M'sieur désire?

GOUDARD

Ma robe de chambre, mon bonnet de coton et une bougie pour madame.

FLORESTINE

Oui, m'sieur.

Mᵐᵉ GOUDARD

Que faisiez-vous pendant que mon mari vous appelait?

FLORESTINE

Je lisais *Rocambole.* (*Elle sort.*)

GOUDARD

Oh! qu'on est à plaindre d'avoir des domestiques, depuis la création de cette abominable littérature!... Par le temps qui court, bien heureux est celui qui peut se servir lui-même.

FLORESTINE, *entrant.*

Voilà ce que m'sieur a demandé.

(*Goudard quitte sa redingote et la donne à Florestine.*)

GOUDARD, *mettant sa robe de chambre et son bonnet.*

Allez accompagner madame dans sa chambre; de là, vous irez vous coucher. (*Madame Goudard, suivie de Florestine, sort par la première porte à gauche.*) Comme je m'ennuie depuis que je suis rentier!... Je m'aperçois que je prends du ventre... C'est là un signe d'affaissement...

A quoi pourrais-je m'occuper?... Si, maintenant que je ne suis plus marchand, je faisais des conférences sur l'art de conserver son parapluie... Non, ce serait préjudiciable à mon successeur... Si j'écrivais mes mémoires?... (*Riant.*) Eh! eh!... ils ne seraient pas sans intérêt les mémoires d'un marchand de parapluies qui a assisté à tant d'orages et d'averses depuis 1814 jusqu'en... Je ne suis pas encore mort... J'y réfléchirai.

FLORESTINE, *elle rentre, et après s'être assurée que la porte du fond est fermée.*

Bonsoir, m'sieur!... (*A part.*) Quel excellent maître! S'il était veuf, comme je le dorloterais!...

GOUDARD, *la regardant et pressé d'être seul.*

Eh bien! que voulez-vous?

FLORESTINE

Bonne nuit, m'sieur.

GOUDARD, *vivement.*

Bonsoir, bonsoir... (*Elle sort.*)

SCÈNE IV.

GOUDARD, *seul.*

Cette fille m'a l'air de rechercher la conversation... celle des hommes surtout. (*Il s'asseoit près de la table et lit le journal.*) « Un Américain vient d'inventer une « machine de guerre qui peut, dans l'espace de quelques « minutes, détruire une armée et même une ville, fût-elle « grande comme Londres. Plusieurs souverains, ayant « reconnu les précieux avantages de cette découverte, « ont fait d'importantes commandes à son inventeur. »

(*Parlant.*) Je maudis la guerre!... (*Ému.*) C'est elle qui a tué mon père, après l'avoir tenu pendant onze ans sur un lit de souffrance... Quand donc sonnera l'heure où nous verrons les peuples jeter leurs armes pour s'embrasser comme des frères!... (*Regardant son journal.*) Au siècle dernier, un savant a soutenu que nous descendions du poisson... Bon! en voilà un autre qui prétend que l'homme dérive du singe!... Et moi qui croyais que j'avais été créé à l'image de Dieu!... Goudard, mon ami, tu n'es donc qu'une brute!... Où irons-nous avec de telles idées?... Qui sait si le singe ne proviendrait pas de l'homme?... C'est une chose à étudier... (*On frappe à la porte du fond.*) Qui est là?... Personne ne répond. (*On frappe plus fort.*) Qui peut venir à pareille heure?... Serait-ce mon neveu?... Aurais-je peur, moi, le fils d'un héros qui a eu les deux pieds gelés en Russie?... Allons ouvrir. (*Il ouvre.*) Veuillez entrer... (*Regardant sur le palier.*) Je ne vois personne... (*Surpris*) Un paquet!... (*Il le ramasse et descendant la scène.*) C'est un enfant... (*Riant.*) Ah! ah!... elle est drôle celle-là!... (*Il le place doucement sur le canapé de manière qu'il ne soit pas trop en vue du public.*) Oh! la jolie petite créature!... comme elle dort de bon cœur!... (*Il va frapper à la première porte à gauche.*) Rosalie, lève-toi et viens vite... Il nous arrive une singulière aventure!... (*Il revient près de l'enfant.*) Pauvre petit, quelle sera ta destinée?... La loi veut que je te porte chez le commissaire du quartier qui, à son tour, te fera porter à l'hospice... (*attendri*) à l'hospice des enfants-trouvés!... Non, je suis riche, ma femme est charitable et...

SCÈNE V.

GOUDARD, Mme GOUDARD, puis FLORESTINE.

Mme GOUDARD, *en camisole de nuit.*

Qu'arrive-t-il ?

GOUDARD, *la conduisant près de l'enfant.*

Vois !...

Mme GOUDARD, *surprise.*

Un enfant ?...

GOUDARD

On vient de le déposer à notre porte.

Mme GOUDARD

Monsieur Goudard, vous êtes le père de cet enfant !...

GOUDARD

Moi ?... Oh ! il n'y a que les femmes pour faire de semblables suppositions !... Je t'assure, Rosalie, que je suis aussi étranger à sa création que je l'ai été à celle de l'empereur de la Chine.

Mme GOUDARD

Cet enfant a presque tous vos traits... C'est votre bouche, votre nez...

GOUDARD

Je suis heureux qu'il dorme !... Tu finirais par te convaincre qu'il a mes yeux.

Mme GOUDARD

Il y a là un mystère que j'éclaircirai. Mais avant tout (*s'asseyant sur le canapé près de l'enfant*), il faut prendre soin de ce nouveau-né. (*Appelant.*) Florestine ?...

GOUDARD

Elle doit lire *Rocambole*... Hé!... (*frappant à la première porte à droite*) Florestine!...

FLORESTINE

Me voilà, m'sieur.

GOUDARD, *désignant l'enfant*.

Dieu nous a fait ce présent.

FLORESTINE, *surprise*.

Ah! bah!... m'sieur veut rire... A l'âge de madame, c'est impossible!...

GOUDARD, *bas, à sa femme*.

Que cette fille est simple!... (*Haut.*) Florestine, avez-vous du lait?...

FLORESTINE

Du lait, moi?... Oh! m'sieur, pour qui me prenez-vous?....

GOUDARD, *à part*.

Cette fille-là est la reine des cruches!... (*Haut.*) Je ne vous demande pas si vous êtes nourrice, je vous demande si vous avez du lait à la cuisine?

FLORESTINE

Celui que je garde pour le déjeuner de madame.

Mme GOUDARD, *se levant*.

Mais nous n'avons pas de biberon...

GOUDARD

Allez vite acheter un biberon chez le pharmacien; car il faut qu'il tette ce petit bonhomme-là.

FLORESTINE

Une femme seule... sortir au milieu de la nuit... Si m'sieur voulait m'accompagner?...

GOUDARD

Vous accompagner? Autant vaut que vous restiez ici.

FLORESTINE

Madame ne pourrait-elle pas le mettre au sein, en attendant que le jour arrive.

GOUDARD, *à part.*

Mon Dieu que cette fille est bête!... (*Haut.*) Allez me chercher ma redingote, mon chapeau et mon parapluie. (*Elle sort par la deuxième porte à gauche.*) Si je prenais le fameux briquet de mon père... les journaux disent que les rues ne sont pas sûres la nuit... (*Il va à la deuxième porte à gauche.*) Florestine, vous m'apporterez aussi mon sabre.

Mme GOUDARD, *voyant un papier fixé aux langes de l'enfant.*

Un billet!... (*Lisant.*) « Je viens rappeler à monsieur « Goudard, mon père, ce qu'il doit à ma mère et à son « enfant. » (*Lui donnant le billet.*) Eh bien! monsieur Goudard?...

GOUDARD, *indigné.*

C'est une horrible machination!... une infamie!... Je te jure que..;

Mme GOUDARD, *l'interrompant.*

Mon ami, je n'ai point oublié la soumission de la femme d'Abraham... Je veux que votre enfant... (*se reprenant*) non, que cet enfant reste auprès de moi... Je l'aimerai comme si je lui avais donné le jour, et je l'apprendrai à vous chérir... comme si vous étiez son père.

GOUDARD, *attendri.*

Et moi, à t'adorer comme si tu étais sa mère.

FLORESTINE

Voici la redingote, le chapeau, le parapluie et le sabre.

GOUDARD, *qui s'est coiffé et habillé à la hâte.*

Je cours chercher ce qui est nécessaire au bébé.

SCÈNE VI.

Mme GOUDARD, FLORESTINE.

Mme GOUDARD, *s'asseyant près de l'enfant.*

La douce et sainte chose qu'un enfant!... Voyez donc comme son sommeil est paisible?...

FLORESTINE, *le regardant.*

Oh! qu'il est joli!... C'est tout le portrait de madame.

Mme GOUDARD

Le mien?... Dites plutôt celui de mon mari.

FLORESTINE

Il ne lui manque en effet que les favoris. Il faut dire qu'à cet âge-là, les enfants ressemblent à tout le monde; s'il en était autrement, il y aurait souvent du grabuge dans les ménages.

Mme GOUDARD

Se peut-il que, devant un enfant qui vient à peine de naître, vous ayez d'aussi mauvaises pensées?... Allez me prendre mon châle. (*Florestine sort.*) Pauvre enfant ! vous qui êtes le trait-d'union qui lie la mort à la vie, le passé à l'avenir, à qui demanderez-vous un sourire, un baiser ?... Ce ne sera pas à votre mère que vous ne connaîtrez peut-être jamais... Ce sera à une étrangère, à moi, oui, à moi seule... Voyons, monsieur, quel rôle jouerez-vous dans le monde où vous entrez ?... Serez-vous un Franklin ou un Machiavel ?... un Saint Vincent-de-Paul ou un tueur d'hommes, comme il n'y en a que trop dans notre Europe ?... Vaudrait-il mieux que Dieu vous prît maintenant que de vous laisser vivre ?... Qui le sait !... (*Florestine apporte le châle.*) J'ignore votre avenir ; mais tout ce que je puis vous promettre, c'est que nous vous aimerons bien... Je l'appelle monsieur, c'est peut-être une fille ?... Qu'en dites-vous, Florestine ?

FLORESTINE

Madame, je n'ai jamais su distinguer une fille d'un garçon, je ne les reconnais qu'à leurs vêtements.

Mme GOUDARD, *riant*.

Si c'est vrai, cela fait votre éloge.

FLORESTINE

Madame rit de mon innocence ?

Mme GOUDARD

J'en ris parce que je n'y crois pas. (*Elle enveloppe l'enfant dans le châle.*) Il a ses menottes toutes froides. (*Le prenant dans ses bras.*) Venez, mon petit ange, dormir sur mon lit, en attendant que ce soit dans un joli berceau, sous d'élégants rideaux que je broderai moi-même. (*Elle le baise au front en l'emportant dans sa chambre.*) Prendre soin d'un enfant abandonné, c'est se créer un appui dans le ciel!...

SCÈNE VII.

FLORESTINE, seule.

Qui se serait jamais imaginé que Madame, à son âge, pût avoir encore un mioche?... Voilà de la besogne pour moi!... Je suis dans une maison de bonnes gens, mais un peu pingres. Il n'y a pas moyen de faire danser l'anse du panier avec madame. Oh! si m'sieur était seul!... c'est avec lui que je ferais des économies... Quand je dis des économies, on sait ce que cela signifie... Le service de cette maison est pourtant recherché, parce qu'il y a en face un poste de pompiers... Un pompier! quelle horreur!... Moi, je veux devenir grande dame, avoir des voitures, des laquais et des servantes que je mènerai tambour battant... Oh! si j'avais le bonheur que m'sieur perdît sa femme!... Silence... la voici...

SCÈNE VIII.

FLORESTINE, Mme GOUDARD, puis MARIE.

Mme GOUDARD, vêtue comme dans la première scène.

Mon mari tarde bien... Je crains que cet enfant ne se réveille.

FLORESTINE

Bah!... on le laissera pleurnicher.

Mme GOUDARD

Vous n'avez donc point de cœur?... (*On frappe.*) C'est mon mari... Allez vite ouvrir

FLORESTINE, *ouvrant.*

Non, madame, c'est...

MARIE, *entrant comme éperdue.*

Où est mon enfant?... (*Cherchant.*) Je sais qu'il est ici.

Mme GOUDARD, *surprise.*

Calmez-vous, je vous en supplie.

MARIE

On me l'a pris pendant mon sommeil... Une voisine, indignée de me voir délaissée, l'a apporté ici dans l'espoir que son père, en le voyant, reviendrait à de meilleurs sentiments. Oh! que m'importe que son père m'ait quittée, pourvu que j'aie mon enfant... J'ai des doigts, du courage... (*Tombant affaissée sur le canapé et sanglotant.*) Et si mon devoir est au-dessus de mes forces... je mourrai heureuse, pourvu qu'il vive, lui, mon enfant!...

Mme GOUDARD, *émue.*

Croyez que je partage votre douleur... Mais qui êtes-vous, madame?

MARIE

Qui je suis?... Ne vous l'ai-je pas dit?... Je suis la mère de l'enfant que l'on a apporté ici, chez son père.

Mme GOUDARD, *surprise.*

Son père!... Vous avez donc écouté mon mari?...

FLORESTINE

Quelle abominable femme!... Écouter un homme marié!... S'il était veuf,... à la bonne heure!...

MARIE, *se soulevant avec peine.*

Votre mari?... Non, c'est impossible!... (*Après ré-*

flexion.) Serait-ce lui?... Oh! je suis folle!... Mais vous, madame, qui paraissez accessible à la pitié, dites-moi donc où est mon enfant? (*Elle tombe à ses genoux.*)

Mme GOUDARD, *la relevant.*

Il est vrai que tantôt on a déposé là, derrière cette porte, un enfant que nous avons recueilli. Si vous êtes réellement sa mère, nous vous le rendrons, en vous priant de nous regarder comme vos amis et comme ses protecteurs.

MARIE, *lui baisant les mains.*

Soyez bénie, madame! (*Elle s'assied.*)

SCÈNE IX.

LES MÊMES, GOUDARD.

GOUDARD, *portant un berceau, une boîte, son parapluie et son sabre.*

Ouf!... je sue sang et eau!... Est-il possible qu'un petit bonhomme, né d'hier, cause un pareil remue-ménage! (*A Florestine.*) Prenez ce berceau, cette boîte, mon parapluie et mon sabre qui a failli me faire mettre en prison. Il paraît qu'il y a avantage à se laisser voler, puisqu'on arrête comme malfaiteur l'honnête homme qui se munit d'une arme dans l'intention de se défendre!... Vous trouverez dans la boîte vingt biberons de différents systèmes,... tous brevetés... (*S'essuyant le front.*) Je suis mort!...

Mme GOUDARD, *à Marie, en indiquant Goudard.*

Est-ce là le père de votre enfant?

MARIE

Non, madame.

Mme GOUDARD, *à part.*

Assurons-nous de la vérité. (*A Goudard en l'observant.*) Vous ne dites rien à madame?...

GOUDARD

C'est la première fois que j'ai le plaisir de la voir. (*La saluant.*) Madame, j'ai bien l'honneur... (*Bas à sa femme.*) Elle a l'air souffrant.

Mme GOUDARD, *à part.*

Comme ils cachent bien leur jeu; l'un et l'autre n'ont éprouvé aucune émotion. (*Haut.*) Madame est la mère du bébé...

GOUDARD, *allant à Marie.*

Je vous en fais mon compliment, vous avez là un beau poupon. (*Bas à madame Goudard.*) Demande-lui donc pourquoi on l'a mis ici.

Mme GOUDARD, *avec intention, en le regardant.*

Je le sais, moi...

GOUDARD, *bas.*

Nous devrions, si elle est honnête, le garder avec nous!...

Mme GOUDARD

Vous pourriez nous confier votre enfant (*appuyant*), si votre situation ne vous permet pas de l'avoir auprès de vous.

GOUDARD

Il trouverait dans ma femme toute la sollicitude d'une mère.

MARIE, *se levant.*

Vous laisser mon enfant!... Oh! je suis bien infortunée; mais, dussé-je, si le pain me manquait, aller mendier, que je ne m'en séparerais pas.

Mme GOUDARD, *lui prenant la main.*

Très bien!... Voilà des sentiments qui vous honorent et qui détruisent les soupçons que me faisait concevoir ma jalousie!... (*A Goudard.*) Excusez-moi, mon ami.

GOUDARD

Pourrais-je t'en vouloir?... Les femmes ont généralement une si mauvaise opinion de leurs maris.

Mme GOUDARD, *à Marie.*

Venez voir votre enfant; bientôt (*appuyant*) notre enfant, je l'espère. (*Elles sortent.*)

SCÈNE X.

GOUDARD, FLORESTINE.

GOUDARD

Donnez-moi mon bonnet de coton, puis vous irez faire une infusion de tilleul pour cette pauvre femme...

FLORESTINE

M'sieur est trop humain... Vous ne voyez pas que c'est une intrigante... Qui sait qui elle est et tout ce qu'elle a fait?....

GOUDARD

Quand je rencontre un malheureux, je ne m'informe ni de son nom ni de son passé. Il souffre et cela suffit pour que je m'empresse à le secourir.

FLORESTINE, *donnant le bonnet.*

Moi, à la place de m'sieur, je m'attacherais aux personnes qui sont près de moi plutôt qu'à des inconnues.

GOUDARD, *se coiffant et à part, en regardant Florestine.*

Aurait-elle l'intention de me circonvenir?... (*Haut.*) Allez préparer le tilleul.

FLORESTINE, *à part.*

J'en boirai en même temps un bol. (*Sortant.*) C'est un brave homme que m'sieur, mais nigaud!. . Comme je ferais vite ma pelotte, si je pouvais me faire aimer de lui !

GOUDARD, *se tournant.*

Mais allez donc à votre cuisine !

FLORESTINE, *avec intention.*

Je croyais que m'sieur y viendrait avec moi. (*Elle sort.*)

SCÈNE XI.

GOUDARD, *seul.*

Je dois lui faire l'effet d'un imbécile. C'est ainsi que certaines femmes qualifient ceux qui résistent à leurs séductions. Il vaut mieux qu'elle ait cette opinion de moi, que de passer, aux yeux de ma femme et des honnêtes gens, pour un homme de rien. C'est égal, elle fera son chemin,... mais hors de chez moi... (*S'asseyant.*) Je tombe de fatigue. La tranquillité régnait dans mon logis, et voilà qu'un bambin vient y mettre la révolution... L'enfant est un vrai tyran... Voici la mère du poupon... (*Il va au-devant de Marie, puis se ravisant.*) Se montrer en bonnet de coton devant une jeune femme... Il y en aurait assez pour la dégoûter du mariage... Dépouillons-nous de notre casque à mèche. (*Il le jette sous le canapé*).

SCÈNE XII.

GOUDARD, MARIE, Mme GOUDARD.

Mme GOUDARD *entrant.*

Ne craignez rien, madame, vous pouvez parler devant mon mari.

GOUDARD

En effet, ce qui nous arrive est si extraordinaire que je ne serais pas fâché d'apprendre...

MARIE, *baissant les yeux.*

Vous saurez tout, monsieur.

Mme GOUDARD

Veuillez vous asseoir, vous êtes si faible... (*Elles s'asseoient sur le canapé et Goudard s'assied sur une chaise.*)

MARIE

Je suis ouvrière fleuriste. Un soir que je me rendais de l'atelier chez moi, rue Thénard, je fus accostée par un jeune homme qui m'offrit de m'accompagner. Mon silence ne le découragea pas. Il me suivit pour connaître ma demeure. Il y avait malheureusement une chambre à louer dans la maison; et, le lendemain, quand il sut par le concierge que cette chambre était contiguë à la mienne, il en prit de suite possession et la meubla. Le voisinage de ce jeune homme, qui se disait élève de l'École normale, amena des relations qui furent, je dois le déclarer, fort respectueuses de sa part... Mais une nuit... (*Elle pleure.*) Oh! tout avait été d'avance préparé et calculé. — Mais une nuit, je l'entendis se plaindre, car une simple cloison nous séparait; il m'appelait, en me disant qu'il souffrait horriblement, et qu'il se voyait mourir faute de secours. N'écoutant que l'humanité, j'accourus vers lui, comme une sœur auprès de son frère. Je lui offris mes soins, mes veilles et même le peu d'argent que je possédais. Ce jeune homme (*elle se lève en sanglotant*), oui, il était à mes genoux, s'efforçant, par de tendres protestations, d'excuser sa perfidie, me jurant un amour qui ne s'éteindrait qu'avec son dernier soupir... C'est alors, quand il vit mon indignation, que, se relevant comme un furieux, il vint fermer la porte de sa chambre, en s'écriant : « Marie, quoi que tu fasses, tu « es à moi maintenant! »

GOUDARD

Voilà une action qui devrait faire condamner un homme aux travaux forcés.

Mme GOUDARD

Vous vivez donc seule?

MARIE

Oui, madame. (*Elle se rassied.*)

GOUDARD

Vous êtes orpheline?

MARIE

Le choléra emporta, à quelques jours de distance, mon père et ma mère. Une tante prit soin de moi, je vivais avec elle; elle est morte, elle aussi, il y a deux ans.

Mme GOUDARD
Et personne ne s'est plus intéressé à vous?

MARIE
Personne... Pardon, j'ai rencontré des hommes, des vieillards même, qui m'ont offert leur protection... Vous devinez à quel prix... Jamais aucune femme ne m'a offert la sienne.

GOUDARD
Pas même les gens pour qui vous travaillez?

MARIE
Ils tiennent plus à l'ouvrage qu'à l'ouvrière.

Mme GOUDARD
Voilà comme les jeunes filles se perdent!

GOUDARD
Du moins, comment on les fait se perdre. (*A Florestine qui apporte le tilleul.*) Mettez cette tasse sur le guéridon et allez lire *Rocambole*, si vous le voulez... (*Elle sort, Goudard se lève et présente la tasse à Marie.*) Buvez, madame, c'est un calmant. (*Elle boit.*) Quelle a été la durée de vos relations avec ce misérable? (*Il se rassied.*)

MARIE
Cinq mois.

Mme GOUDARD
Pourquoi vous a-t-il délaissée?

MARIE
Parce que je n'étais point la femme qui convenait à ses habitudes. Il lui fallait une maîtresse, et moi je voulais être sa femme; parce que j'allais devenir mère et que je voulais qu'il reconnût son enfant.

GOUDARD

Jolie comme vous l'êtes et bien élevée comme vous le paraissez, il me semble que vous auriez pu l'amener à se marier avec vous?...

MARIE

Je vous l'ai dit, monsieur, il voulait une maîtresse et non une épouse. Quelques mois après cette nuit fatale, il me conduisit chez un de ses amis. Il y avait là, réunis pour un souper, des jeunes gens et des femmes dont le langage produisit sur moi une impression si étrange, que la rougeur m'en monta au visage. Le champagne pétillait dans les verres. Les femmes, oubliant toute retenue, fumaient et tenaient d'affreux propos. Les hommes applaudissaient à leurs paroles et à leurs gestes impudiques. C'était une véritable orgie. Moi seule, je demeurai muette et isolée. Une de ces femmes, voyant ma réserve, m'appela « bégueule ! » Une autre, la meilleure de toutes probablement, disait en parlant de moi : « Soyez patients, mes « amis, elle se formera, la petite,... elle est encore si « jeune !... » Enfin, ne pouvant plus supporter leurs plaisanteries, leurs insultes, je prétextai une indisposition, et mon amant me ramena chez moi. Je le suppliai, au nom de notre amour, de fuir une pareille société, en lui montrant tout ce que cette existence a de honteux et de dégradant... Il me répondit que la vie est faite pour le plaisir, et que, si je refusais d'aller avec ses amis, il se verrait forcé de me quitter. (*Pleurant.*) Et il m'a quittée.

Mme GOUDARD, *elle se lève vivement et l'embrasse.*

Ah! vous êtes une courageuse et honnête femme!...

GOUDARD, *se levant.*

Quel est le nom de cet homme?

MARIE

Ernest Goudard.

GOUDARD, *tressaillant.*

Mon neveu!...

MARIE, *se levant.*

Je ne lui demande pas qu'il m'épouse. Ce que j'exige de lui, c'est qu'il reconnaisse son enfant... je l'élèverai; mais il faut qu'il porte le nom de son père... (*Avec dignité.*) Je ne veux pas que mon enfant soit sans nom.

GOUDARD, *marchant avec colère et appelant.*

Florestine, donnez-moi mon chapeau et mon sabre!... Quoi! dans notre famille, où les traditions de l'honneur ont été religieusement conservées, je laisserais vivre un monstre pareil!...

FLORESTINE, *apportant les objets et à part.*

Il paraît que ça va mal.

GOUDARD, *se coiffant.*

Oh! je le trouverai, dussé-je aller le chercher dans l'enfer... (*Prenant le sabre.*) Je vais commettre un crime!... Que dis-je?... un crime!... c'est un acte de justice que je vais accomplir.

MARIE, *l'arrêtant.*

Modérez-vous, monsieur, je vous en conjure!... Votre neveu est peut-être moins coupable que je ne le pensais... J'ai eu tort sans doute... (*Appuyant.*) J'ai menti... (*Se jetant à ses genoux.*) Oui, c'est moi seule qui...

GOUDARD, *la relevant.*

Vous ne savez pas mentir, et l'accusation que vous portez contre vous-même m'affermit dans ma résolution...

Mme GOUDARD, *elle l'arrête en lui ôtant le sabre.*

Quittez cette arme, mon ami... Rappelez-vous que le sang tache toujours celui qui le fait couler.

FLORESTINE, *bas à Goudard.*

M'sieur, souvenez-vous des gendarmes qui voulaient vous arrêter parce que vous aviez votre sabre.

GOUDARD

Après les deux leçons que j'avais déjà reçues en observant la lune et l'éclipse de soleil, ce gredin-là m'a encore entortillé avec sa planète et son Capricorne... Oh! je ne puis plus regarder le ciel en face!... Je vais à l'Observatoire...

Mme GOUDARD, *l'accompagnant.*

Je vous recommande d'être calme!... (*Goudard lui serre la main et sort.*)

SCÈNE XIII.

Mme GOUDARD, MARIE, FLORESTINE.

Mme GOUDARD, *descendant la scène.*

Quel digne homme!... (*A Marie.*) Comment vous nommez-vous?

MARIE

Marie Verdier.

Mme GOUDARD

Marie! un bien joli nom!

MARIE

C'est le nom de la grande Consolatrice.

Mme GOUDARD

C'est celui que devraient porter toutes les femmes; car le nom de Marie, composé des lettres qui forment le mot *aimer*, exprime la mission de notre sexe.

MARIE

Oui, aimer même dans la souffrance... Telle est la destinée de la femme.

FLORESTINE, *sortant et à part.*

Que c'est bête ce qu'elles débitent... Je vais lire *Rocambole*... J'en suis à sa dix-neuvième résurrection.

Mme GOUDARD, *prenant la main de Marie.*

Marie, laissez-moi vous appeler par votre petit nom... C'était celui de ma fille.

MARIE

Vous l'avez perdue?

Mme GOUDARD

Hélas! oui, ainsi que mes autres enfants; mais celle-là, je l'avais nourrie. Ne vous préoccupez plus de l'avenir... Votre situation mérite toute sollicitude; soyez persuadée que la mienne ne vous manquera pas.

MARIE

Que vous êtes bonne!... Vous ne repoussez pas la jeune fille abusée. Vous la plaignez et lui tendez la main!

Mme GOUDARD, *la faisant asseoir à côté d'elle.*

Écoutez-moi, Marie, nous sommes seules, ouvrez-moi

votre cœur et répondez avec la plus grande franchise. Je serai indulgente... Avouez-moi si, avant de connaître mon neveu, vous n'avez pas eu à vous reprocher quelque faiblesse que votre inexpérience pourrait faire excuser ?...

MARIE

J'ai dit la vérité. Informez-vous de ma conduite, et si un doute, un soupçon s'élève contre moi, oh! alors, madame, soyez sans pitié pour celle qui aura cherché à vous tromper.

Mme GOUDARD, *à part.*

On sent la sincérité dans ses paroles. (*Haut.*) Je vous crois, Marie.

MARIE

Je ne demande rien pour moi, je ne veux qu'un nom pour ma fille.

Mme GOUDARD

Elle en aura un, mon mari dût-il lui donner le sien...

MARIE, *elle se lève en lui baisant les mains; puis entr'ouvrant la première porte à gauche.*

Mon enfant se réveille... Permettez-moi de me rendre auprès d'elle.

Mme GOUDARD, *se levant.*

Allez, ma chère Marie, et n'oubliez pas qu'à dater de ce jour notre maison devient la vôtre. (*Marie sort.*)

SCÈNE XIV.

Mme GOUDARD, puis GOUDARD.

Mme GOUDARD

Voilà deux malheureuses : une jeune femme déshonorée et une enfant que nos préjugés et nos lois rendent responsable d'une faute qu'elle n'a point commise.

GOUDARD, *il entre vivement et tombe sur une chaise.*

J'ai tant couru que je ne puis plus me tenir debout !... J'ai visité tout l'Observatoire, depuis les caves jusqu'au sommet, lequel est à une hauteur prodigieuse. Là on m'a offert...

Mme GOUDARD

Des rafraîchissements ?

GOUDARD

Non, mais de me montrer Jupiter, Mars, Vénus... « Des étoiles !... me suis-je écrié, en boutonnant ma redingote, dans la crainte d'être volé de nouveau... Des étoiles !... Dieu m'en garde !... Je viens voir monsieur Ernest Goudard, qui est sur la trace d'une énorme planète à laquelle il donnera son nom. » Alors un de ces messieurs, un poète, sans doute, m'a lâché à brûle-pourpoint cet impromptu, sur l'air de : *Avez-vous vu Lambert*. (*Il chante.*)

> Quand vous verrez Goudard
> Avec Vénus et Mars,
> Je n' vous dis que ce mot :
> Il f'ra chaud, il f'ra chaud !...

(*Il se lève.*) Ah ! voilà de la belle poésie !... A-t-il voulu me dire que mon neveu fera cette découverte pendant la canicule ou aux calendes grecques ?... La rime nuit souvent à l'exactitude de la pensée. Enfin, ne le trouvant pas, je me rends auprès du directeur, qui m'a répondu avec la gravité et le laconisme d'un savant émérite : « Goudard, dites-vous ? connais pas. »

####### Mme GOUDARD

C'est incroyable !

####### GOUDARD

Je descends de l'Observatoire et me dirige vers la maison qu'habite la mère de l'enfant. Je monte (*appuyant*) au septième étage, et là, les voisins et principalement les voisines, ce qui est rare chez le beau sexe, m'affirment, me jurent que Marie Verdier est tout ce qu'il y a de plus sage au monde. Là, j'ai la douleur d'apprendre que le nom de Goudard est en exécration ; car aucun n'ignore que le séducteur de la jeune fille s'appelle Goudard.

####### Mme GOUDARD

Les fautes sont personnelles.

####### GOUDARD

Je ne dis pas non. Cependant on aime mieux avoir dans sa famille d'honnêtes gens que des vauriens... Qu'a-t-il donc fait des sommes énormes qu'il m'a escroquées ?... Il ne tardera pas à rentrer. Il vient ordinairement se coucher quand les autres se lèvent... Je l'attends... (*Marchant avec colère.*) Je l'attends...

####### Mme GOUDARD

Vous allez vous emporter ; songez qu'une colère peut vous faire beaucoup de mal.

####### GOUDARD

Bah !... Je n'ai jamais été sujet qu'aux rhumes de cerveau !

####### Mme GOUDARD

Vous devriez rentrer dans votre appartement... Je saurai parler à votre neveu.

GOUDARD

Toi?... Allons donc!... Les femmes s'apitoient trop facilement... C'est moi qui veux le recevoir. (*S'approchant de la porte du fond et écoutant.*) Serait-ce lui?...

Mme GOUDARD, *écoutant.*

C'est en effet son pas.

SCÈNE XV.

LES MÊMES, ERNEST.

ERNEST, *entrant et surpris.*

Eh quoi! mon oncle, déjà levé?

GOUDARD, *se contenant.*

Nous ne nous sommes pas couchés.

ERNEST

Ma tante serait-elle indisposée?

GOUDARD

Pas le moins du monde. Et toi, as-tu bien travaillé cette nuit... à l'Observatoire?

ERNEST, *se jetant sur le canapé.*

J'en ai la tête et le corps brisés.

Mme GOUDARD, *à part.*

Peut-on mentir de la sorte!

GOUDARD

As-tu rencontré ton étoile?...

ERNEST

Pas encore, mais d'ici à quelques jours, je pense...

GOUDARD, *allant à lui.*

Veux-tu savoir ce que je pense, moi?...

ERNEST

Avec plaisir, mon oncle.

GOUDARD, *s'animant.*

Je pense que vous êtes un imposteur... On ne vous connaît pas à l'Observatoire...

ERNEST, *se levant.*

Moi?

GOUDARD

J'en viens... Loin de vous occuper de science, vous passez vos nuits dans la débauche et vous avez déshonoré notre nom. Une femme vient de mettre un enfant au monde. Vous avez fait semblant d'être malade, presque mourant, pour pouvoir abuser d'elle. Elle accourait, pleine de confiance, vous offrir son secours... Au lieu d'être touché de sa bonté, attendri par la reconnaissance, vous avez criminellement employé la force pour la faire succomber... N'est-ce pas, monsieur, que c'est là une belle action?...

ERNEST, *embarrassé.*

Je n'ai aucune idée de ce dont vous m'accusez.

GOUDARD

Cette femme, vous l'avez quittée, parce qu'elle a refusé de vous suivre dans la voie où vous vouliez l'entraîner!... Vous l'avez abandonnée à cause de ce refus très digne, oubliant que vous l'aviez rendue mère!...

Mme GOUDARD

Quelle lâcheté!

ERNEST, *baissant la tête.*

Je vous assure que je ne me souviens pas...

GOUDARD, *le prenant par le bras.*

Ah! vous ne vous souvenez pas... (*L'attirant vivement vers la première porte à gauche.*) Venez, madame...

ERNEST, *surpris.*

Marie!... (*Il chancelle et tombe sur une chaise.*)

GOUDARD, *à Ernest.*

Vous souvenez-vous à présent?

SCÈNE XVI.

LES MÊMES, MARIE.

Mme GOUDARD, *allant à Marie qui s'est évanouie.*

Courage, pauvre mère!...

GOUDARD

Vous m'avez trompé et vous m'avez volé. — (*Mouvement d'Ernest.*) Ce qui s'obtient par la fourberie est un vol, oui, monsieur, un vol. — Vous m'avez volé hier encore deux mille francs... Ah! s'ils eussent été dépensés pour vous aider à réparer le mal que vous avez causé, c'eût été une consolation pour moi; mais non, cet argent se dissipe en orgies. (*D'un rire sardonique.*) Et moi qui croyais que vous passiez vos nuits à l'Observatoire!...

MARIE

Pardonnez-lui comme je lui pardonne, il est le père de mon enfant!...

GOUDARD

Lui pardonner!... à ce misérable qui déshonore notre

famille?... Jamais!... Sortez d'ici, monsieur!... Vous me demanderiez la main de cette intéressante femme, que je vous la refuserais en vous disant que vous êtes indigne de son amour!

ERNEST, *avec des larmes.*

Mon oncle, je suis bien coupable; mais je veux réparer mes fautes.

GOUDARD, *avec mépris.*

Je ne crois plus à vos promesses.

MARIE, *aux genoux de Goudard.*

Laissez-moi, monsieur, implorer sa grâce!...

Mme GOUDARD

Mon ami, Dieu commande le pardon.

ERNEST, *prenant la main de son oncle.*

Je ferai tout ce que vous désirerez... Je vous le jure...

GOUDARD

Non, je serai inflexible!... (*A Marie.*) Vous êtes orpheline; ma femme et moi nous vous adoptons pour fille.

MARIE, *se relevant et désignant Ernest.*

Et lui...

GOUDARD

Lui?... (*Il hésite, puis s'attendrissant.*) Vous le voulez, madame... (*Il met la main de Marie dans celle d'Ernest.*) Eh bien! il sera votre époux;... mais à une condition, c'est qu'il rachètera son passé.

ERNEST, *tombant aux genoux de Goudard.*

Ah! je vous le promets... Dès aujourd'hui, j'accepte

l'emploi que vous m'avez proposé dans la maison de votre vieil ami Brémond.

GOUDARD, *le regardant.*

Relève-toi!... Mes enfants! dans mes bras!... (*Ils s'embrassent, puis à Ernest.*) Tu cherchais, m'avais-tu dit, une étoile... Trouver une bonne et vertueuse femme est la meilleure découverte qu'un homme puisse faire...: Aussi je ne cesse de remercier Dieu de me l'avoir fait rencontrer cette excellente femme (*il la regarde et en lui prenant la main*); car ma chère Rosalie a toujours été pour moi : *l'étoile du bonheur.*

RIDEAU

(1869)

UNE RÉPÉTITION

ÉPISODE DE LA VIE D'ARTISTE EN UN ACTE

PERSONNAGES :

OSCAR, artiste dramatique.
REVOL, directeur de théâtre.

~~~~~~~~

La scène se passe à Paris.

UNE RÉPÉTITION

Chambre d'hôtel. — Dans le fond, un lit garni de rideaux. — Premier plan, à droite, une commode contenant une botte, une épée, un habit, une perruque et un chapeau Louis XV. — A gauche, un canapé et un guéridon sur lequel sont des brochures, un journal, des allumettes et un bougeoir allumé. — Second plan, à droite, une porte, et à gauche, une fenêtre. Des chaises.

SCÈNE PREMIÈRE.

OSCAR, *seul, en robe de chambre, coiffé d'un béret, pantalon blanc collant, bottes molles, cravate et gilet Louis XV; il est étendu sur le canapé en tenant la brochure qu'il vient de lire.*

Quel supplice que d'apprendre de pareilles rengaines ! Mon directeur a décidé que je paraîtrai dans *Don Spados ou l'Honneur d'un Mari*, drame en cinq actes. Je viens d'essayer le costume que j'y dois porter... Il est superbe... (*Il se lève.*) Déjà *la Mitrailleuse des Alpes* annonce par monts et par vaux mon prochain début. (*Il prend le journal, s'assied et lit.*) « Manosque va bientôt applau-
« dir monsieur Oscar, engagé comme grand premier
« rôle de drame et de comédie, et, au besoin, comme
« ténor. » — Et pour tout cela, ô cité magnanime ! le directeur de ton théâtre m'alloue cent cinquante francs par mois !... Puis vient une longue tartine, où l'on me fait

l'égal des premiers sujets de la Comédie-Française et du Grand-Opéra... Et le public bas-alpin gobe tout cela... Il aime, m'a-t-on dit, ce qu'en termes de coulisses nous appelons les coups de gueule... Eh bien, je lui en donnerai à le rendre sourd!... (*Il se lève.*) Je n'ai plus que vingt-quatre heures à rester à Paris. Dès mon arrivée à Manosque, il faut qu'après une seule répétition, je joue *Don Spados*. Je sais les quatre premiers actes; mais la dernière scène du cinquième, sur laquelle repose le succès du drame et le mien, a besoin d'être soigneusement étudiée. Je suis un mari trompé... Pénétrons-nous bien de cette idée... Ma femme est là. (*Désignant le lit, puis en regardant la chambre*). C'est singulier!... La disposition de ma chambre est conforme à la mise en scène indiquée par l'auteur. Il fait nuit... J'entre par la porte à droite et mon pied rencontre une botte près de mon lit. (*Il va prendre dans un tiroir de la commode la botte qu'il place près du lit.*) A cet aspect, je frémis d'horreur et je m'écrie : (*Il lit son rôle et entre dans l'action comme s'il jouait réellement.*) « Enfer et damna-
« tion!... Un homme ici!... Un homme a profité de mon
« absence pour ternir l'éclat de mon blason!... Don
« Spados, le sang du Cid coule dans vos veines, et, par
« saint Jacques de Compostelle, vous vengerez l'outrage
« fait à votre honneur!... Mais cet homme, quel est-il?...
« Je le saurai... (*Il soulève un rideau du lit et regarde.*)
« Elle est là, celle qui ce matin encore me jurait un
« amour éternel!... Que la femme est perfide!... L'inno-
« cence ne serait pas plus calme que cette misérable qui
« vient de se parjurer. La femme ment jusque dans son

« sommeil... L'homme seul dort... La femme som-
« meille; elle rêve... Et, dans son rêve, elle nous trompe
« encore... (*Après réflexion.*) Je pourrai la tuer sans la
« réveiller... (*S'animant.*) Non, il faut qu'elle meure
« lentement, qu'elle éprouve toutes les souffrances d'une
« longue agonie... (*La regardant avec passion.*) Qu'elle
« est belle!... Pourquoi Dieu a-t-il donné une enveloppe
« d'ange à un démon?... Féliciana, je t'aimais bien!...
« Je t'aime encore!... (*Il va pour l'embrasser.*) Féli-
« ciana!... (*Il se relève vivement en criant.*) Anathème
« sur moi! J'allais lui pardonner!... »

REVOL, *frappant contre la cloison de droite.*

Dites donc, voisin, est-ce que vous ne pourriez pas parler moins haut?...

OSCAR, *s'approchant de la cloison.*

Veuillez m'excuser, monsieur; mais il est des circonstances où l'homme le plus paisible ne peut étouffer les cris de son indignation.

REVOL

Je n'ai pas à m'occuper de vos affaires. J'ai besoin de repos, et vous devez savoir qu'il est une heure du matin.

OSCAR

C'est juste. Je tâcherai de me modérer... Cependant, si je m'oubliais, soyez assez indulgent pour ne pas m'en vouloir... Bonne nuit, monsieur...

REVOL

Merci, merci!

OSCAR

Il va se reposer, lui, tandis que moi je suis obligé de

travailler. Et voilà la conséquence de l'inégalité des conditions... Reprenons notre scène. (*Il revient près du lit.*) « Réveillons-la... (*Appelant.*) Féliciana?...

(*) (C'est vous, mon ami?)

« De quel ami voulez-vous parler, madame; serait-ce de
« celui avec lequel vous venez de violer la foi conju-
« gale?...

(Don Spados, vous doutez de ma fidélité!)

« Eh! quoi, oserez-vous nier votre crime quand tout ici
« vous accuse et trahit votre infamie?... (*Comme s'il la
« secouait.*) Je veux le nom de cet homme?...

(Jamais, jamais!)

« Ce secret sera ta mort... Il me faut la vie de ton com-
« plice ou la tienne, choisis!...

(Prenez la mienne, si elle doit le sauver.)

« Tu l'aimes donc bien, lui?... Oh! je le trouverai, fût-il
« au bout du monde!... (*Comme frappé d'une idée.*)
« Ciel!... (*Il prend la botte.*) Voici l'objet qui sera mon
« guide... Cette botte m'aidera à découvrir le pied qu'elle
« a chaussé... Le pied trouvé, j'aurai l'homme... (*S'ani-
« mant.*) Et malheur, vous m'entendez, épouse crimi-
« nelle, malheur à lui!... »

REVOL, *frappant à la porte.*

Je vois que vous ne tenez aucun compte de mes observations et que vous continuez de plus belle...

OSCAR, *ouvrant la porte.*

Entrez, monsieur.

(*) L'acteur doit imiter la voix d'une femme pour dire les répliques mises entre parenthèses.

SCÈNE II.
OSCAR, REVOL.

REVOL, *en bonnet de coton, vareuse et caleçon. Il porte un bougeoir allumé.*

Je ne suis pas en train de causer (*il entre et pose le bougeoir sur le guéridon*); néanmoins, je vous dirai que la chambre garnie dans laquelle on m'a logé est tellement garnie que tout mon sang est en ébullition. (*Il se gratte.*) Ajoutez à ce tourment vos cris et les scènes que vous faites à votre femme; vous conviendrez que tout cela ne dispose guère au sommeil.

OSCAR, *à part.*

Il me croit un mari trompé, profitons de sa méprise. (*Haut.*) Que feriez-vous à ma place, si vous étiez convaincu de l'infidélité de votre femme?...

REVOL

Il y a plusieurs manières d'envisager la chose... Autant de manières de voir, autant de systèmes. Les uns sont pour la punition, et disent : « Tue-la! » les autres pour l'abandon, et disent : « Quitte-la... » Et d'autres, les plus sages, selon moi, demandent pour elle le pardon.

OSCAR

Le pardon!... Monsieur est célibataire?

REVOL

Oui, monsieur.

OSCAR

Et vous conseilleriez à un mari d'être généreux, d'être enfin...

REVOL

Parfaitement.

OSCAR

Je comprends cela : vous êtes vieux garçon et vous voudriez que les maris...

REVOL, *l'interrompant en riant.*

Allons, résignez-vous à votre destinée et permettez-moi de ne pas prolonger cet entretien. Depuis mon départ d'Afrique, j'ai passé cinq nuits consécutives sans fermer l'œil. La nuit dernière, à Lyon, j'étais voisin de chambre d'une femme qui se trouvait dans un état intéressant; ce qui a rendu le mien fort désagréable, jusqu'au moment où elle a été délivrée d'un citoyen très impatient de voir la lumière... Jugez alors combien j'ai besoin de repos... Mais que tenez-vous là?...

OSCAR

La botte du séducteur.

REVOL, *riant.*

Il a donc une jambe de bois, puisqu'il n'a qu'une botte?

OSCAR

Dès qu'il m'a entendu rentrer, il s'est enfui par la fenêtre... Il n'aura pas eu le temps de se chausser complètement... Aussi, vais-je parcourir la ville jusqu'à ce que j'aie découvert le pied qui a porté cette botte.

REVOL

Vous aurez de la besogne. Paris est grand... Et il y a tant de pieds qui se ressemblent. (*Regardant la botte.*) Mais, c'est le mien... (*Il l'essaie.*) Voyez donc, elle me va comme un gant... Cependant soyez certain que...

OSCAR

Je crois, sans froisser votre amour-propre, que ma femme a eu meilleur goût.

REVOL

Eh! eh!... les femmes sont si capricieuses!... Auriez-vous un tire-botte?

OSCAR

Non.

REVOL

Je vous rendrai demain votre botte, et vous laisse en garantie ma pantoufle, un cadeau de l'empereur du Maroc. Je vous supplie d'attendre un autre moment pour vous quereller avec votre moitié. (*Prenant son bougeoir.*) Je meurs de sommeil.

OSCAR

Je suis désolé d'avoir troublé votre repos. La vie a ses exigences; et vous m'excuserez quand vous saurez que mon avenir, mon existence dépendent du dénoûment de ce drame.

REVOL

N'oubliez pas que je suis harassé de fatigue... (*Sortant.*) Sur ce, je vous salue.

SCÈNE III.

OSCAR, *seul, saluant et à part.*

Va-t-en au diable!... Ah! tu veux dormir!... eh bien, je te promets une nuit des plus blanches!... Tu seras mon public, toi... Et je jugerai de mes effets par les

frayeurs que je vais te causer. Où en étais-je!... (*Il lit son rôle en s'approchant du lit.*) « Madame, mes ancêtres
« étaient Saxons. Ils vinrent, vers le milieu du treizième
« siècle, se fixer en Espagne, et un de mes aïeux s'allia
« à une descendante de l'illustre Rodrigo Dias, surnommé
« le Cid Campeador. Savez-vous quel supplice les Saxons
« infligeaient à l'épouse infidèle?... Ils la condamnaient
« à se pendre, puis son corps était mis sur un bûcher
« au-dessus duquel on plaçait son complice... Savez-
« vous, en Espagne, à quel châtiment était exposé
« l'homme accusé d'adultère?... On ne le tuait pas;
« mais on lui faisait subir une peine qui l'empêchât de
« renouveler son crime... Les Espagnols étaient logi-
« ques... Arraché l'aiguillon, plus de venin... Le progrès
« ayant adouci nos mœurs, je vous laisse le choix.
« Voici du poison et un poignard... Lequel des deux
« préférez-vous?..

(Ni l'un, ni l'autre.)

« (*S'animant.*) Alors il faudra que je vous tue.

(Oh! j'échapperai à votre cruauté.)

« Ne cherchez pas à fuir; toutes les issues de cette
« chambre sont closes!...

(Achevez l'œuvre que vous avez commencée.)

« Que j'ai commencée, moi?...

(Don Spados, je ne vous ai jamais aimé.)

« (*S'animant de plus en plus.*) Misérable, tu oses l'a-
« vouer!... »

REVOL, *frappant vivement contre la cloison.*

Mille tonnerres!... C'est à n'y plus tenir!...

OSCAR, *à part, en riant.*

Mon voisin bougonne... Laissons-le se plaindre et continuons... (*Il reprend son rôle.*)

(Du jour que l'on m'a forcée de vous épouser, la tombe s'est ouverte pour moi.)

« Tais-toi,... tais-toi! Un mot de regret pouvait désarmer
« ma colère... Tes dernières paroles sont ta condamna-
« tion.

(Fermez-la donc sur moi cette tombe; mais chaque jour j'en sortirai pour vous crier : Don Spados, vous êtes un assassin!)

« (*S'animant.*) Oh! c'en est trop!... Tiens, femme adul-
« tère (*comme s'il la poignardait*), voici le prix de ton
« crime!... »

REVOL, *il frappe contre la cloison en criant.*

Monsieur, grâce! pitié pour elle!... Attendez-moi, je cherche ma pantoufle... Ah! j'oubliais que je l'ai laissée chez vous.

OSCAR, *à part.*

Qu'il est assommant cet animal-là!... (*Haut.*) Prenez la botte... (*A part.*) Terminons vite notre scène avant qu'il vienne...

(Je sens dans mes flancs bondir d'indignation mon fils.)

« Son fils?

(J'allais devenir mère, et en me tuant, vous tuez votre enfant.)

« Tu mens!... Cet enfant est le fruit de ton infamie!...
« (*Furieux et frappant à coups redoublés.*) Oh! je vou-
« drais que tu eusses mille vies pour te les arracher les
« unes après les autres!...

11

(*Poussant un cri déchirant.*) Ah!... je meurs!... Don Spados, soyez maudit!...)

« (*La regardant.*) Elle expire... (*D'une voix sombre.*) « Mon honneur est vengé... » (*Se frottant les mains.*) Allons ça marchera... Je vais produire un effet *bœuf* dans ce drame.

SCÈNE IV.

OSCAR, REVOL.

REVOL, *armé d'une épée, entre précipitamment.*

Malheureux, qu'avez-vous fait?...

OSCAR, *atterré.*

Tout est fini.

REVOL

Le crime est consommé?...

OSCAR

Hélas, oui!... *Consommatus est.*

REVOL, *jetant son épée.*

Où est cette femme?... Il y a peut-être encore espoir de la sauver.

OSCAR, *fermant les rideaux.*

N'approchez pas... Pour moi et pour le monde, c'est comme si elle n'avait jamais existé.

REVOL, *le regardant avec intention.*

Si elle n'avait jamais existé, il vous serait facile de vous disculper devant vos juges.

OSCAR, *l'observant.*

Votre intention est d'aller me dénoncer... Je n'attendrai pas que la justice vienne s'emparer de moi... J'irai à elle en lui disant : « Ma femme a souillé la couche nuptiale, et je l'ai tuée... Si vous croyez que ma tête soit nécessaire pour donner un exemple aux maris qui voudraient m'imiter, prenez-la *(feignant de sortir)*; je la préfère entre les mains du bourreau que de la voir l'objet de la raillerie publique.

REVOL

Vous voulez vous enfuir... (*Le retenant.*) Mais je suis là.

OSCAR

Moi, m'enfuir!... (*Avec dignité.*) Celui qui se fait l'apôtre d'une idée doit avoir le courage de la soutenir jusque sur l'échafaud.

REVOL

L'idée dont vous vous faites l'apôtre, c'est l'assassinat.

OSCAR

Non, monsieur, c'est le respect de la foi jurée. Que les maris trompés fassent comme moi, et les femmes seront fidèles.

REVOL

Régner par la terreur!...

OSCAR

Qu'importent les moyens, pourvu que l'on règne...

REVOL

Taisez-vous, monsieur, taisez-vous. La politique qui a triomphé par la terreur a toujours été flétrie par les honnêtes gens, quels que soient leur drapeau, leur croyance. Si c'est avec de pareilles raisons que vous espérez vous soustraire au glaive de la loi, je vous plains, monsieur..

OSCAR, *il paraît abattu.*

Je vois l'abîme dans lequel mon orgueil m'a entraîné. (*Il s'approche du lit.*) Pauvre Féliciana!... (*Il soulève un rideau, mais de façon que Revol ne puisse voir sur le lit.*) Oh! je t'aimais bien, va!... Laisse-moi t'embrasser pour la dernière fois!... (*Comme s'il l'embrassait avec passion.*) Bientôt la mort nous réunira... J'implorerai la pitié de mes juges pour que nous reposions l'un près de l'autre,... dans la même tombe. (*Il sanglote en s'arrachant les cheveux.*)

REVOL, *ému.*

Ses regrets me touchent.

OSCAR

O ma bien-aimée! si le suicide n'était pas un crime, je... (*Se précipitant sur l'épée.*) Vive Dieu! j'ai une arme!...

REVOL, *l'arrêtant.*

Qu'allez-vous faire?...

OSCAR

Me tuer... Non!... (*Jetant l'épée.*) Ce serait de la lâcheté... J'aime mieux mourir de la main du bourreau. (*Il va à la fenêtre.*) Le peuple est là; il entoure l'échafaud, criant, hurlant... (*S'animant.*) Il veut voir comment mourra un grand d'Espagne...

REVOL, *surpris et à part.*

Un grand d'Espagne!...

OSCAR

Attends, peuple, c'est un superbe spectacle que je vais t'offrir... Me voici... Regarde mon visage... Il est impassible... Sebastian-Francisco-Alvarès Don Spados, duc de la Taravella y los Caracalos va te montrer avec quelle dignité un petit-fils du Cid affronte la mort!... (*Descendant la scène.*) Dites donc, j'ai bien soif... Allons prendre un bock.

REVOL, *stupéfait.*

Un bock!... (*A part.*) Il est fou. C'est le châtiment de Dieu qui précède celui des hommes. (*Haut.*) Je ne puis accepter votre offre dans l'état d'exaspération où vous êtes... Restez ici. (*A part.*) Je vais prévenir la police.

OSCAR

Ne vous éloignez pas. J'ai là deux kilos de dynamite, et, si vous me quittiez, je ferais sauter la maison, afin de ne laisser aucune trace de mon crime.

REVOL, *à part.*

Cet homme-là me fait peur!... Ma chambre est contiguë à la sienne... Mes malles sont pleines de valeurs, et je serais ruiné s'il exécutait son abominable projet... Chemin faisant, nous rencontrerons peut-être un sergent de ville... (*Haut.*) Eh bien! oui, allons prendre un bock!

OSCAR

Mais il faut auparavant nous débarrasser du cadavre.

REVOL

Pourquoi ce pluriel *nous*?... Voudriez-vous faire croire que je suis votre complice?...

OSCAR

Vous me donnez là une bonne idée!... Allez chercher une malle pour y enfermer le cadavre.

REVOL

Et une fois le cadavre dans la malle?...

OSCAR

Nous irons jeter le contenu avec son contenant dans la Seine.

REVOL

Nous, toujours nous... Vous irez seul... Un agent de la paix publique pourrait nous surprendre, et...

OSCAR

Vous craignez de vous compromettre?...

REVOL

La prudence est mère...

OSCAR, *l'observant.*

De la lâcheté.

REVOL, *avec mépris.*

Les lâches sont ceux qui tuent des femmes!...

OSCAR, *se frappant le front.*

J'ai trouvé la planche de salut!... (*Il met l'épée et la pantoufle sur le lit.*) C'est vous que j'accuserai d'être le meurtrier de ma femme.

REVOL

Moi?... Oh! c'est trop fort!... Dans quel guêpier me suis-je fourré!... Mais les preuves, monsieur, les preuves?...

OSCAR

Je dirai à la justice : « Vous voyez cette épée, cette pantoufle... elles appartiennent à mon voisin qui, dans sa course précipitée, s'est chaussé d'une de mes bottes... » Car elle est à moi la botte que vous portez.

REVOL, *troublé.*

Pour quel motif aurais-je tué votre femme?

OSCAR

Parce que cette épouse chaste et pure vous a résisté, et que, dans l'emportement de votre ignoble passion, vous l'avez assassinée.

REVOL

Grâce! grâce! monsieur!... Vous n'ajouterez pas à votre odieux forfait celui de faire condamner un innocent... Ce serait un acte...

OSCAR

Qui offre un dénoûment très heureux pour moi...

REVOL

Songez que j'ai été envoyé en mission à Paris par un souverain qui m'a chargé de réorganiser sa troupe.

OSCAR

Saperlotte!... monsieur est général?

REVOL

Je suis directeur du théâtre de Sa Majesté l'Empereur du Maroc.

OSCAR, *à part.*

Bigre! un directeur... (*Haut, en s'inclinant.*) Je suis flatté de faire votre connaissance... J'ai la plus haute estime pour les directeurs de théâtre.

REVOL

Je vois que vous savez apprécier le mérite.

OSCAR

Et surtout les largesses de ces messieurs... (*A part.*) Continuons notre rôle. Puisque [c'est un impresario (*riant*), je ne serai pas fâché de connaître ses impressions. (*Haut.*) Allons, dépêchons-nous, le jour commence à poindre... Vite, vite, une malle!...

REVOL, *à part.*

Je cède, mais tu me le paieras, brigand!... (*Haut.*) Votre femme est-elle grosse?...

OSCAR

De quelques mois seulement.

REVOL

Et vous avez eu la cruauté de la tuer, sachant qu'elle était... Oh! cela est horrible!... Je vous ai demandé si votre femme est d'une forte complexion?...

OSCAR

A peu près comme la mienne.

REVOL, *sortant.*

Je vais chercher la malle, señor Spados!...

SCÈNE V.

OSCAR, *seul, riant.*

Ah! ah! monsieur le directeur du théâtre de Sa Majesté l'empereur du Maroc (*il ôte sa robe de chambre et met l'habit Louis XV*), vous m'avez contrarié pendant ma répétition... vous avez pris au sérieux le personnage féroce que j'interprétais!... Eh bien! je veux prolonger votre erreur en vous faisant jouer un rôle comique dans la scène la plus extravagante que l'imagination d'un dramaturge puisse concevoir!...

SCÈNE VI.

OSCAR, REVOL.

REVOL, *bottes à l'écuyère, redingote boutonnée, et coiffe d'un fez. Il porte sur ses épaules une malle qu'il dépose près du lit.*

Voici ce que vous désirez. (*A part, en le regardant.*) Quel costume a-t-il pris là? Se croirait-il en carnaval?... Le remords a troublé sa raison.

OSCAR

Placez le cadavre dans la malle.

REVOL

Ce que vous exigez est au-dessus de mes forces.

OSCAR

La pauvre femme est défigurée, elle qui était si belle... Son corps ne forme plus qu'une masse hideuse, couverte de plaies ruisselantes de sang. (*Bas.*) Elle a reçu quatre-vingt-sept coups de poignard. (*Frémissement de Revol.*) Je voudrais vous éviter les pénibles émotions que ce spectacle va vous causer... Mais, si je la revoyais dans cet état, j'en mourrais... (*Il sanglote.*) Je l'aimais tant!... Heureusement que vous êtes énergique, vous!...

REVOL, *il va vers le lit, puis, redescend vivement.*
Non, c'est plus fort que moi...

OSCAR

C'est un mari repentant qui vous demande cette grâce... Sinon, nous sommes perdus tous les deux;... et vous le premier... Songez-y, monsieur!...

REVOL, *il revient tout tremblant, à petits pas, près du lit, et en levant les mains vers le ciel.*

O grand saint Genès, patron des artistes dramatiques, donne-moi la force de remplir le rôle épouvantable que ce monstre-là me fait jouer!...

OSCAR, *les mains jointes et la tête baissée.*

Amen!

REVOL, *soulevant le rideau.*

Je ne la vois pas.

OSCAR

Aurait-elle disparu... La femme est si légère... c'est une vapeur!...

REVOL

Une vapeur qui est la force motrice d'une machine qu'on appelle l'homme... Mais enfin (*regardant sous le lit*), où donc est-elle?...

OSCAR, *il va regarder par la fenêtre.*

La rue est déserte... Il vaut mieux y jeter le cadavre que de le porter à la Seine.

REVOL

J'approuve votre décision. (*A part, en allant derrière le lit.*) De cette façon-là, je ne courrai aucun danger.

OSCAR, *feignant de pleurer.*

Je prendrai dans mes bras ma chère Féliciana et me jetterai avec elle dans l'espace... L'un portant l'autre.

REVOL

C'est bien pensé.

OSCAR

O père noble! il vous importe peu que je meure!...

REVOL

En vous suicidant, vous vous épargnerez la honte d'une exécution publique.

OSCAR

Vous dites vrai. (*Il éteint la bougie.*) Malédiction! ma bougie vient de s'éteindre. (*Il se couche en travers du lit.*)

REVOL

La fatalité s'acharne contre moi! (*En tâtant avec la main, il touche Oscar.*) Je tiens votre femme.

OSCAR, *saisissant Revol.*

Et moi aussi.

REVOL

Mais c'est moi que vous tenez.

OSCAR, *il se lève vivement en le traînant vers la fenêtre.*

Non, non... c'est bien elle... Je la reconnais...

REVOL

Sacrebleu!... lâchez-moi!...

OSCAR

Tu mens, épouse parjure!... Tu cherches encore à me tromper en contrefaisant ta voix.... (*Comme s'il allait jeter Revol par la fenêtre.*) Une,... deux...

REVOL, *avec colère, en se dégageant.*

Lâchez-moi, vous dis-je, ou je crie à l'assassin! (*Il va, en se sauvant, tomber sur la malle.*)

OSCAR, *il allume la bougie et va vers Revol.*

Comment, c'est vous, mon cher voisin?...

REVOL

Moi-même!... Quelle nuit, ô mon Dieu!... Je suis anéanti, mort!...

OSCAR, *riant.*

Ah! ah!...

REVOL

Vous osez rire, scélérat!...

OSCAR

Vous n'avez donc pas compris que tout cela n'est qu'une plaisanterie!...

REVOL, *se levant.*

Quoi! vos cris,... le meurtre de votre femme n'étaient...

OSCAR, *lui donnant la brochure.*

Qu'une répétition du rôle que je dois interpréter... La suite n'a été qu'une pure invention de ma part. (*Il met son épée et sa perruque.*)

REVOL, *lisant.*

« *Don Spados ou l'Honneur d'un Mari.* Scène der-
« nière... Chaque jour, j'en sortirai pour vous crier :
« Don Spados, vous êtes un assassin! » C'est bien ce que j'ai entendu.

OSCAR, *il va vers le lit en criant.*

« Oh! c'en est trop!.. Tiens, femme adultère...
« voici (*comme s'il tuait sa femme*) le prix de ton
« crime!... » (*Il prend son chapeau et se couvre.*) Et comme la scène se passe en 1740, voilà quel sera mon costume.

REVOL, *il rit en le regardant.*

L'illusion a été complète... Et il faut que vous ayez un talent remarquable pour que moi, vieux comédien, j'aie pris la fiction pour la réalité. Justement, j'ai besoin d'un grand premier rôle de drame et de comédie... Voulez-vous accepter cet emploi dans ma troupe?...

OSCAR

C'est impossible. (*Lui donnant un journal.*) Ce journal vous en dira les motifs.

REVOL, *lisant.*

« Manosque va bientôt applaudir monsieur Oscar, engagé... »

OSCAR, *avec dédain.*

Passez, je vous en prie.

REVOL

Les artistes sont tous les mêmes!... Ils ont l'air de dédaigner les louanges que leur prodigue la presse; et si un journaliste se permet de les critiquer, celui-là n'est plus pour eux qu'un idiot ou un crétin. (*Après avoir lu.*) Je vois que vous êtes engagé à Manosque... En cas de résiliation, quelle est l'indemnité que vous devez compter à votre directeur?

OSCAR

Trois cents francs.

REVOL

Je les paie. Vos appointements seront de cinq cents francs par mois; et vos costumes, la table et le logement à ma charge. (*A part.*) J'ai fait là une excellente trouvaille.

OSCAR, *à part.*

Voilà un directeur généreux!... C'est une rare variété de l'espèce. (*Haut.*) Mais que dira le public de Manosque?...

REVOL

La Mitrailleuse des Alpes annoncera qu'une maladie

vous a obligé de résilier votre engagement. Elle fera mousser votre remplaçant, et la farce sera jouée... Eh bien! acceptez-vous mes propositions?

OSCAR

On ne peut résister à votre éloquence (*faisant signe de compter de l'argent*), tant elle est persuasive.

REVOL

En signant votre engagement, vous toucherez votre premier mois.

OSCAR

Cinq cents francs par mois (*à part*) au lieu de cent cinquante... (*Haut.*) Voyez donc à quoi tient la fortune?... (*Riant.*) Si je n'avais pas tué ma femme, je n'aurais pas eu cette chance!...

REVOL

Ce qui vous rend moins inconsolable que beaucoup de veufs...

OSCAR

Dites-moi, les Marocaines sont-elles jolies?

REVOL

Je l'ignore, attendu que les Maures, moins confiants que les Européens, tiennent leurs femmes enfermées.

OSCAR

Sapristi!... voilà qui me contrarie!...

REVOL

Calmez-vous, jeune homme, j'ai un corps de ballet dont les dames ne laissent rien à désirer.

OSCAR, *riant.*

Elles ont généralement cette réputation-là.

REVOL, *riant.*

Je veux dire sous le rapport de la corpulence. Les Marocains aiment les formes luxuriantes; et, afin de les contenter, j'ai dû faire d'énormes sacrifices.

OSCAR

Il est fâcheux qu'on ne croie plus aux sacrifices des directeurs de théâtre.

REVOL

Même lorsqu'ils se ruinent... Le public est si ingrat!...

OSCAR

Mais revenons aux dames de votre corps de ballet... Vous pensez que...

REVOL

Attendez donc... Je viens d'engager à Lyon une ingénue ravissante... Elle a un petit nez retroussé auquel, j'en suis sûr, votre cœur ne tardera pas de s'accrocher.

OSCAR

Est-elle libre?

REVOL

Très libre... Elle m'a paru même trop libre pour une ingénue.

OSCAR

Puisque toutes les pièces finissent par un mariage (*il se découvre en s'inclinant.*) je viens demander à monsieur le directeur s'il consent à m'accorder mademoiselle ou madame son ingénue?...

REVOL

Je ne puis consentir qu'aux mariages que les auteurs dramatiques font contracter à mes artistes. (*Avec dignité.*) C'est vous dire, monsieur, que toute union, en dehors des pièces qu'ils interprètent, ne me regarde pas. (*Oscar se couvre.*) Allons signer notre engagement, et demain en route pour le Maroc.

AIR : *Gais enfants de Bacchus*, etc.

OSCAR

C'est décidé, je pars pour la terre étrangère,
J'y vais faire applaudir les chefs-d'œuvre de l'art
Qu'ont enfantés Corneille et l'immortel Molière,
Racine et Marivaux, Dumas, Scribe et Ponsard.

REFRAIN

Mais si quelques États, jaloux de ta puissance,
Osaient te menacer, ô généreuse France!
(*Tirant son épée.*)
Comme la foudre alors, je franchirais les mers,
Pour venir partager ta gloire ou tes revers.

REVOL

Bien mieux qu'à ta valeur, tu peux, ô ma patrie!
A ton génie ardent voir les peuples soumis;
Car ton goût, ton esprit, tes arts, ton industrie
Et ton grand cœur, partout te feront des amis.

ENSEMBLE

Mais si quelques États, etc.

OSCAR, *se découvrant, au public.*

Comme les vieux Romains, moi, je crois aux présages...
Et si vous m'honorez, messieurs, de vos bravos,
Je puis, sans redouter les vents et les orages,
Gaîment me confier au caprice des flots.

ENSEMBLE

Mais si quelques États jaloux de ta puissance,
Osaient te menacer, ô généreuse France!
Comme la foudre alors, nous franchirions les mers,
Pour venir partager ta gloire ou tes revers.

RIDEAU

(1875.)

SUR LES BORDS DU JARRET

VAUDEVILLE EN UN ACTE

Paouré Jarret! qu t'a vist, qu ti vi!...

(Exclamation d'une vieille Marseillaise.)

PERSONNAGES :

DUGAS, fabricant d'eaux minérales.
CÉLESTIN, son commis.
BIENVENU, caporal de sapeurs.
URBAIN, matelot de la marine de l'État.
GASTON, soldat d'infanterie.
UN REPORTER.
CÉLESTE, fille de Dugas.
BARBE, gouvernante de Dugas.
DORINE, maîtresse de Gaston.
ÉLISA, femme de chambre.
MATHILDE, femme de chambre.

La scène se passe dans la banlieue de Marseille.

SUR LES BORDS DU JARRET [*]

Les bords du Jarret. — Premier plan, des arbres à droite et à gauche. — Second plan, un terrain gazonné et planté d'arbres s'élevant contre un mur tapissé de lierre. — De petits buissons qui cachent le cours du Jarret, séparent le premier plan du second.

SCÈNE PREMIÈRE.

CÉLESTIN, *il porte un escabeau et semble chercher.*

Je lui ai dit : « Derrière l'établissement des tramways. » C'est donc ici qu'il me faudra exécuter ma terrible résolution. (*Désignant les arbres du fond.*) C'est à l'un de ces arbres que je placerai la corde qui me fera aller de vie à trépas... (*Après réflexion.*) Mourir à vingt-cinq ans!... c'est triste!... Mon patron est le père d'une jeune fille que j'aime comme on aime quand on aime pour la première fois... Ce matin, je l'ai demandée en mariage. Je n'ai pas le sou, aussi le père m'a répondu : « Célestin, » — je m'appelle Célestin, et sa fille, Céleste, — « Célestin, ton mois d'appointements n'échoit que dans « dix-sept jours; mais, vu les intentions, je vais te le payer « à l'instant. C'est te dire que je n'ai plus besoin de tes

[*] Ruisseau qui traverse la banlieue de Marseille.

« services et que je te défends de remettre les pieds
« chez moi. » Voilà de quelle manière mon patron a
accueilli ma demande!... Alors, désolé, éperdu, je suis
entré dans le café voisin où j'ai écrit à Céleste afin de lui
annoncer mon funeste projet. J'ai prétexté, pour retourner chez son père, qu'il m'avait donné une pièce démonétisée; et, tandis qu'il la regardait, j'ai remis adroitement à Céleste ma lettre qui lui fait part de l'heure et du
lieu de mon trépas... Tel est mon roman dont voici le
dénouement ou plutôt le nouement (*montrant une corde
qu'il tire de sa poche*) : une corde au lieu d'une jeune et
jolie fille parée de son bouquet de fleurs d'oranger...
Allons, franchissons le Rubicon,... qui est ici le fleuve
de l'oubli... (*Il s'élance et franchit le ruisseau.*) Plaçons
là cet escabeau... (*Il monte sur l'escabeau et attache par
un bout la corde à une branche, après avoir fait à l'autre bout un nœud coulant pour y passer la tête.*)

AIR de *la Grâce de Dieu.*

Je vais, hélas! quitter la vie
Pour aller là-haut ou là-bas,
Si l'amour est une folie,
On excusera mon trépas.
En partant, un espoir me reste,
C'est, lorsqu'elle apprendra ma mort,
Que de son Célestin, Céleste
Vienne ici partager le sort,
(*Il pleure.*)
En disant n... i... ni,
Pour nous tout est fini.

Et maintenant en route pour... le grand voyage!... (*Il
jette son chapeau et passe la tête dans le nœud coulant.*)

SCÈNE II.

CÉLESTIN, URBAIN, BIENVENU, *portant chacun un paquet au bout d'un bâton;* GASTON, *portant un melon.*

URBAIN, *il chante en entrant par la droite.*

« Arrêtons-nous ici ! » Le lieu du rendez-vous doit être dans ces parages.

BIENVENU, *désignant Célestin.*

Voilà-z-un particulier qui me fait l'effet d'avoir des intentions peu... conservatrices.

GASTON

Il faut empêcher ce suicide.

URBAIN

Eh ! là-bas !... pourquoi que vous voulez casser votre pipe ?

CÉLESTIN

Messieurs, laissez-moi accomplir mon œuvre... Vous y opposer, ce serait inutilement prolonger mes souffrances...

URBAIN

Ta ta ta !... Et vous croyez que nous assisterons les mains dans les poches à votre pendaison ?... Nous venons ici pour faire la noce, et nous ne voulons pas être éclairés par une pareille lanterne... Voyons, avancez à l'ordre !...

CÉLESTIN

Jamais... Ma détermination est irrévocable...

BIENVENU, *sur le ton du commandement.*

Attention !... Reposez armes !... (*Tous déposent leurs*

paquets qu'Urbain va placer, à droite, contre un arbre.) Volontaire, allez dépendre cet homme-là!...

GASTON, *regardant le ruisseau.*

Le ruisseau est profond et je pourrais...

URBAIN

Vous ne savez pas nager?...

BIENVENU

On ne lui a appris qu'à nager dans l'opulence...

URBAIN

A quoi que ça sert donc d'être bachelier?

BIENVENU

A savoir le grec et le latin; mais, en dehors de ça, un bachelier ne sait pas seulement faire une salade ni cuire une côtelette.

URBAIN

J'y vais, moi!... (*Il franchit vivement le ruisseau et fait descendre Célestin de l'escabeau.*)

GASTON

Du moment que c'est aussi facile... (*Il franchit le ruisseau.*)

BIENVENU

Voilà bien nos jeunes troupiers!... Il ne leur faut que de bons exemples pour devenir des héros!

URBAIN

Asseyez-vous là (*sur l'escabeau*), et dites-nous pourquoi que vous vous pendiez?... Auriez-vous été condamné à mort?

GASTON

Ou exécuté..., à la Bourse?

BIENVENU
Auriez-vous fait un trou à la lune?... mangé la grenouille?... conspiré contre le gouvernement?...

GASTON
Êtes-vous un poète incompris?

CÉLESTIN
J'ai essayé de composer des vers. Le premier vient facilement, jamais je n'ai pu accoucher du second.

GASTON
Vous avez ce qu'on appelle le vers solitaire.

BIENVENU
Ça, c'est une maladie; mais on en guérit.

URBAIN
Auriez-vous trempé vos mains dans le sang?

BIENVENU
Dans le sang de votre propriétaire ou de votre restaurateur?

GASTON
Vous avez peut-être assassiné votre belle-mère?

CÉLESTIN
Rien de tout cela.

URBAIN
Alors, quoi que c'est?

CÉLESTIN
L'amour, dont je suis une victime.

URBAIN
Et vous vous pendiez pour ça?... Eh bien! il faut que vous soyez un fameux...

GASTON, *l'interrompant.*

Motus!... Évitons les expressions malsonnantes... (*Il ôte son ceinturon qu'il va placer, à droite, contre un arbre.*)

URBAIN, *bas.*

J'allais dire cornichon.

BIENVENU

M'est avis que si je m'étais pendu toutes fois et quantes que les femmes m'ont fait des traits, j'aurais un cou aussi long que celui d'une girafe... Jeune homme, narrez-nous votre histoire.

GASTON

J'étouffe dans cette tunique! (*Il l'ôte, la plie et s'y asseoit dessus.*)

BIENVENU

Volontaire, ayez soin des effets dont la patrie vous a vêtu, si vous ne voulez pas qu'on vous mette au clou.

GASTON

Des effets?... Quand il n'y en aura plus, il y en aura encore... Papa me donne quinze cents francs par mois pour mes petites dépenses.

BIENVENU, *s'asseyant par terre.*

Vous devez assavoir que monsieur le marquis de Beauval, votre respectable père, a voulu que vous fissiez votre volontariat dans mon régiment.

GASTON

Afin que vous veilliez sur moi.

BIENVENU

Et que je vous retienne dans les sentiers de la vertu...

Je vous dis cela, à seule fin de vous insinuer que vous devez écouter mes conseils...

GASTON

Mon père ne pouvait me confier à un plus excellent Mentor.

URBAIN, *s'impatientant.*

Qué tron de l'er!... Au lieu de vous passer réciproquement la brosse, vous feriez mieux de vous occuper du pendu!... (*Il s'assied.*)

GASTON

C'est juste... (*A Célestin.*) Nous vous écoutons, monsieur.

CÉLESTIN

Je suis employé chez un fabricant d'eaux minérales qui a une fille unique que j'aime éperdument... Mon affection étant partagée, j'ai demandé sa main à son père qui, pour toute réponse, m'a... remercié.

URBAIN

De quoi que vous vous plaignez?... Puisqu'il vous a remercié, c'est qu'il y consent.

CÉLESTIN

Quand un patron remercie son employé, cela veut dire qu'il n'a plus besoin de lui.

URBAIN

En d'autres termes, il vous a envoyé faire...

GASTON, *l'interrompant.*

Tais-toi!

URBAIN

J'allais dire *lanlaire.*

GASTON

Et la jeune fille n'a pas protesté contre la décision de son père?

CÉLESTIN

Elle a pleuré, sangloté; mais son père est resté inflexible.

BIENVENU

Et vous dites qu'elle vous aime?

CÉLESTIN, *soupirant.*

Oh! oui...

URBAIN

Nom de nom!... Moi, à votre place, en deux temps et deux mouvements, je l'aurais enlevée!...

CÉLESTIN

L'enlever?... Jamais... Je suis trop honnête pour cela.

URBAIN, *bas à Gaston.*

Faut-il qu'il soit serin!...

GASTON

La cause est entendue... (*A Bienvenu.*) Veuillez, monsieur le président, prononcer le jugement.

BIENVENU

Mon fiston, c'est à vous qu'appartient cet honneur, puisque vous êtes étudiant en droit.

GASTON, *se levant.*

Debout, messieurs, et chapeau bas. (*Gravement.*) Attendu que le mariage est un contrat qui a pour but de constituer la famille, et partant de donner des contribuables et des soldats à la patrie...

BIENVENU

Ça, c'est vrai; et mon père l'a si bien fait comprendre à ma mère, qu'ils ont eu dix-neuf enfants.

GASTON

Attendu que le jeune homme ici présent est animé des meilleurs sentiments à l'égard d'une jeune fille qui a pour lui une vive tendresse; mais que le père d'icelle refuse son consentement à leur union; par ces motifs, avons ordonné et ordonnons que les soussignés (*ils font le salut militaire en entendant prononcer leurs noms*) Urbain Cabestan, matelot de première classe; Bienvenu Picosse, caporal des sapeurs, et Gaston de Beauval, engagé conditionnel, promettent tous les trois, sous la foi du serment, de protéger, aider, servir en tout et partout ledit jeune homme dans la réalisation de ses vœux... Et pour lui donner une preuve non équivoque de l'intérêt que les susnommés lui portent, ils l'invitent : *primo*, à venir prendre le vermouth, et *secundo*, à dîner en compagnie de charmantes dames dont ils ont l'honneur d'être les heureux chevaliers...

(*Urbain et Gaston se couvrent et descendent au premier plan.*)

URBAIN

Accepté à l'unanimité!...

BIENVENU, *se couvrant.*

Cré nom d'une pipe!... Comme c'est bien dit! Quel beau robinet cela va faire quand il sera avocat!

ENSEMBLE, *sauf Célestin.*

AIR : *Amour sacré de la patrie* (Muette de Portici.)

Jadis la Suisse a vu trois Suisses
L'affranchir du joug des tyrans.
Jurons tous trois d'être propices
Aux vœux de ces tendres amants!

CÉLESTIN

Merci, messieurs! Jamais je n'oublierai...

CÉLESTE, *appelant de dehors, à droite.*

Célestin!... Célestin!...

CÉLESTIN

Je l'entends!... c'est elle!...

SCÈNE III.

LES MÊMES, CÉLESTE.

CÉLESTE, *entrant comme une folle.*

Célestin, attends-moi; il faut que nous mourions ensemble!...

CÉLESTIN, *descendant vivement la scène.*

O ma chère Céleste!... (*Elle tombe évanouie dans ses bras.*)

BIENVENU, *ému, à Gaston et à Urbain.*

Comme c'est beau, l'amour!...

CÉLESTIN, *l'embrassant.*

Céleste, reviens à toi!...

CÉLESTE, *reprenant ses sens.*

Et tu ne t'es pas tué?...

CÉLESTIN

Grâce à ces bons militaires... Vois !... (*Désignant la corde fixée à l'arbre.*)

CÉLESTE

Messieurs, en sauvant mon Célestin, vous m'avez sauvé la vie.

GASTON

Ainsi vous auriez eu le courage d'imiter monsieur Célestin ?...

CÉLESTE

Mon père nous séparait sur la terre ; il ne nous restait plus que la mort pour nous réunir, et je n'aurais pas hésité à faire l'abandon de mon existence à ce noble cœur (*prenant la main de Célestin*) qui me sacrifiait la sienne.

URBAIN

C'est ça qu'est de l'amour !... Dis donc, sapeur (*bas*), est-ce que jamais on t'a aimé de cette façon-là ?...

BIENVENU

Et toi, ma caille ?

URBAIN, *bas.*

Une fois... Mais c'était une... négresse... Elle m'aima si tellement qu'au bout d'une semaine j'en devins comme un *fifi.* (*)

GASTON, *à Célestin.*

Après les émotions que vous avez éprouvées, vous devez avoir besoin de quelque confortant...

URBAIN

Oui, allons tuer le ver !

(*) Roitelet.

BIENVENU

Il faut que tu en aies une garnison; car c'est le septième que tu expédies depuis ce matin.

URBAIN, *il prend un bâton et va à gauche en criant.*

Colonne en avant, par file à droite, arche!...

CÉLESTIN, *prenant le bras de Céleste.*

Nous vous suivons.

BIENVENU, *d'une voix forte.*

Halte!

URBAIN, *revenant sur ses pas.*

Qu'est-ce qu'il a le sapeur?

BIENVENU

Il a peur qu'on ne pige les comestibles...

GASTON

Nous allons à la guinguette des Mûriers que l'on voit d'ici. (*A gauche.*) Vous veillerez sur les vivres pendant que j'arrêterai avec monsieur et mademoiselle le plan qui doit assurer leur bonheur.

BIENVENU, *il franchit le ruisseau en emportant les paquets.*

Sachez, mes fistons, que le sapeur est l'image de la prudence... Voilà pourquoi on le place à la tête du régiment... Cachons le sabre sous les comestibles et mettons tout cela sous la protection de l'armée française. (*Il couvre le tout de la tunique sur laquelle il pose le chapeau de Célestin, puis il redescend la scène et prend le bras de Gaston.*) Maintenant, en avant, arche!...

URBAIN, *il ouvre la marche en imitant un tambour-major et sort par la gauche suivi de Célestin et de Céleste.*

AIR : *Ouvrez vite la porte* (Closerie des Genêts.)

Tambour-major en tête,
En avant, rataplan!
Allons à la guinguette,
Rataplan, plan, plan!

BIENVENU, GASTON, *en les suivant.*

Tout en aimant la gloire,
En avant, rataplan!
On aime à rire, à boire,
Rataplan, plan, plan!

SCÈNE IV.

DUGAS, BARBE, *ils portent une échelle.*

DUGAS

Entends-tu cette soldatesque avinée?...

BARBE

Il y a une femme avec ces militaires.

DUGAS

A coup sûr, ce ne doit pas être une Jeanne d'Arc. Arriverai-je à temps pour sauver ma fille!... Tiens l'échelle pendant que je vais relire sa lettre... O Barbe, que tu es heureuse de ne pas avoir d'enfant!

BARBE

Monsieur n'avait qu'à rester fille comme moi.

DUGAS

Il est clair que si je fusse resté fille, je veux dire garçon comme toi, je serais exempt des charges de la paternité... (*Lisant.*) « Mon cher et tendre père, »

(*Parlé.*) — Oh ! oui, bien tendre !... — (*Lisant.*) « Célestin,
« désespéré de votre refus, m'apprend qu'il va se pen-
« dre. Ne pouvant lui survivre, je viens vous avertir
« que dans une heure on trouvera deux cadavres sur
« les bords du Jarret, entre les Chartreux et Saint-Just...
« Votre fille qui vous embrasse pour la dernière fois...
« Céleste. » (*Pleurant.*) Oh ! oh !...

BARBE, *pleurant.*

Pauvre Céleste ! malheureux Célestin !...

DUGAS

Je me moque de Célestin comme de Colin-Tampon.
Les hommes sont comme les femmes, on en trouve
partout... Mais ma fille, je n'en ai qu'une, moi, comme
elle, la pauvre enfant, n'a qu'un père !... Dès que cette
lettre m'est parvenue, la lire, me munir d'une échelle et
prendre un coupé a été l'affaire d'un instant. Après avoir
laissé la voiture aux Chartreux, où elle nous attend,
nous avons remonté jusqu'ici le Jarret, sans rien découvrir...

BARBE, *se retournant et surprise.*

Monsieur, voyez donc, là... (*Désignant la corde.*)

DUGAS, *surpris.*

Une corde fixée à un arbre !... Barbe, nous sommes
arrivés trop tard !... Demain les journaux publieront le
suicide d'un jeune homme et d'une jeune fille dont les
cadavres ont été transportés à la morgue... On m'accu-
sera de leur perte... Mon nom sera maudit... O mon
Dieu, que faire ?...

BARBE

Mais j'aperçois un chapeau, un vêtement...

DUGAS, *plaçant l'échelle sur les deux rives du Jarret.*

Cette échelle, sur laquelle je devais monter pour couper la corde, va me servir de pont. (*Il traverse le ruisseau avec précaution.*)

BARBE

Monsieur, prenez garde de tomber.

DUGAS, *prenant le chapeau.*

Ce chapeau est en effet celui de Célestin. (*Regardant la tunique.*) Il s'est affublé d'un vêtement militaire, afin d'égarer les investigations... (*Relevant la tunique.*) Son corps est peut-être caché sous cette capote... Non... ce sont des paquets... (*Il en défait un.*) Ciel! un dindon truffé!... un melon!...

BARBE

Tout cela est étrange!...

DUGAS

Fouillons dans les poches; car je crains que ma fille ne lui ait écrit quelques lettres et donné sa photographie.

BARBE

Depuis qu'avec six francs on peut avoir ses douze portraits, on les donne à tout le monde... Ce n'est pas moi qui me compromettrais en offrant ma photographie à un homme!...

DUGAS

Tu as du bon sens, toi!... (*Il vide les poches.*) Un mouchoir orné d'un blason!... Célestin descendrait-il de quelque croisé?... Des cigares d'un prix exorbitant!...

Un portrait de femme qui n'est pas ma fille!... Et dans quel costume!... O Barbe, si tu la voyais!...

BARBE

Elle est donc richement habillée?

DUGAS

Au contraire, elle ne l'est pas du tout.

BARBE

Quelle abomination!

DUGAS

Et c'est pour ce vaurien-là que ma fille s'est tuée!... Une lettre!... (*La lisant.*) « Mon chien-chien » (*Parlé.*) — Mon chien-chien... Hein, comme ça sent le nom de Célestin!... — (*Lisant.*) « Pourquoi, hier soir, as-tu laissé en « plan ta petite Bichette?... Je t'attends aujourd'hui, et « n'oublie pas de m'apporter quelques jaunets... A toi « pour la vie, Dorine... » Ainsi, c'est à n'en plus douter, Célestin trompait ma fille...

BARBE

Cependant, s'il s'est pendu pour elle... Je ne comprends pas...

DUGAS

Ni moi non plus; mais l'homme est si ondoyant!.. Emparons-nous de tous ces objets (*il les met dans sa poche*), afin de les mettre entre les mains de la justice, comme pièces à conviction contre le misérable qui a poussé ma pauvre enfant au suicide.... (*Descendant la scène.*) Barbe, tiens bien l'échelle.

BARBE, *s'agenouillant pour tenir l'échelle.*

Allez doucement, monsieur!...

DUGAS, *tombant dans le ruisseau.*

Ah! je vais me noyer! (*Criant.*) A moi! au secours!... (*On voit sa tête nue.*)

BARBE

Monsieur, tâchez de saisir l'échelle, en attendant que l'on vienne. (*Criant.*) Au secours, mon maître se noie!...

URBAIN, *de la coulisse, à gauche.*

On y va! on y va!...

SCÈNE V.

LES MÊMES, URBAIN, puis BIENVENU.

URBAIN, *il entre en courant.*

On y va! Ous-ce que c'est?...

BARBE

Ici, monsieur le marin.

URBAIN

Vous avez peur de boire un bouillon?... (*Il franchit le ruisseau.*) Tenez (*l'aidant à monter au second plan*), voilà des mains qui vous tendent les bras!...

DUGAS, *sortant de l'eau.*

Ouf!... je suis tout trempé... (*se secouant*), et j'ai perdu mon chapeau.

BIENVENU, *entrant.*

Un noyé!... Tout le monde veut donc claquer aujourd'hui!...

DUGAS

Cette eau froide va réveiller mon catarrhe. (*Il tousse.*) Tu l'entends... Le voilà qui revient... Barbe, cours vite me chercher un chapeau et ce qu'il faut pour me changer... (*Toussant.*) Tu prendras le coupé qui nous attend aux Chartreux.

BARBE

Messieurs, je vous recommande ce brave homme!

BIENVENU, *amoureusement et bas.*

O Barbe, que vous êtes bien la femme qui botterait un sapeur!...

DUGAS

Mais va donc!... J'ai un froid de chien!... (*Il tousse.*)

URBAIN

Minute, madame Barbe!... (*Prenant le chapeau et la tunique.*) Nous avons ici tout ce qu'il nous faut... Voici un chapeau... Quittez votre paletot et prenez cette tunique... Je vais vous donner mon pantalon.

BARBE

Vous oseriez, devant moi...

BIENVENU

Ne craignez rien (*bas, avec intention*), il a un caleçon.

URBAIN

Par rapport au sesque de madame, passons derrière ces arbres. (*Il sort par la droite.*)

DUGAS, *l'accompagnant, et à Barbe.*

Mais va donc me chercher ce que j'ai demandé. Je ne puis pas priver ce garçon de son pantalon!

BARBE

J'y vais.

BIENVENU, *la retenant.*

Encore un mot, ô belle Barbe!...

BARBE

Laissez-moi, sinon j'appelle monsieur!...

BIENVENU

Vous êtes peut-être engagée dans les liens de l'hyménéo?

BARBE

Je suis demoiselle.

BIENVENU

Pour tout de bon? Eh bien! blague dans le coin, ça m'étonne!...

BARBE

Ce ne sont pas les propositions qui m'ont manqué.

BIENVENU

Je n'en doute point; car vous avez des appas crânement établis... (*Il la prend par la taille.*)

BARBE, *le menaçant.*

N'y retournez pas, ou je...

BIENVENU, *amoureusement.*

Rien ne pourra donc toucher votre cœur? Il faut dire qu'il est défendu par de solides avant-postes. Sacrebleu! (*la regardant de profil*) quelle belle architecture!... Un caporal de sapeurs serait si heureux de posséder une Barbe telle que vous!... Depuis que je vous ai vue, je sens là (*la main sur son cœur*), un volcan en pleine éruption!... (*Il chante le couplet en appuyant sur les r.*)

AIR des *Puritains.*

Si Barbe est la patronne
Des pompiers et des artilleurs,
Elle doit être bonne
Également pour les sapeurs,

Par mon hache et ma barbe,
Mam'selle, je vous jure bien
Que jamais sainte Barbe
Ne vit un feu pareil au mien !...

(A part.) Et allez donc !...

DUGAS, *il rentre et s'assied en toussant.*

Tu es encore là à bavarder ?

BARBE

C'est ce militaire qui m'a retenue... (*Elle sort.*)

BIENVENU, *il lui envoie un baiser, puis à part.*

Ce père noble serait-il venu en partie fine avec mam'selle Barbe ?... Elle m'a tapé dans l'œil .. J'aime les femmes potelées,... monumentales !...

SCÈNE VI.

DUGAS, BIENVENU, GASTON, URBAIN, *en caleçon.*

GASTON, *entrant.*

Où est Urbain ?

URBAIN, *descendant vivement la scène.*

Le voici prêt à servir de modèle aux amateurs de belles formes... (*Prenant une pose.*) Un vrai Vénus, quoi !...

GASTON, *riant.*

Quel farceur !...

BIENVENU

Il a prêté son pantalon à ce monsieur que vous voyez là-bas et qui est tombé dans le Jarret...

DUGAS

Une excellente nature que ce marin...

URBAIN, *le saluant.*

Soit dit sans offenser l'armée de terre ; mais dans la marine, nous sommes tous de bons zigues.

GASTON

Surtout lui, un Marseillais pur sang.

BIENVENU

Un vrai *tron de l'er*, qui vous dira que Paris serait un petit Marseille, s'il avait une Cannebière.

URBAIN

Vous en êtes encore là, vous autres, avec ces vieilles balançoires.

AIR de *Lantara.*

Contr' les Marseillais on clabaude,
Parc' qu'ils sont vifs et pleins d'ardeur ;
Mais s'ils ont la tête un peu chaude,
Chacun dira qu'ils ont du cœur.
Ces rud's *tron d' l'er*, par leur vaillance,
Ont pris part à tous vos succès ;
Et s'ils sont fiers d'êtr' Marseillais en France,
Partout ailleurs ils sont fiers d'êtr' Français !

GASTON

Tu te fâches avec des amis, c'est mal !...

URBAIN, *leur donnant une poignée de main.*

Vous savez bien que ça ne dure pas chez les *tron de l'er* de la Cannebière.

SCÈNE VII.

LES MÊMES, CÉLESTIN, CÉLESTE.

CÉLESTIN, *entrant.*

Que vois-je !... (*Bas à Céleste.*) Éloignez-vous... Votre

père est là... (*Bas à Gaston.*) Le monsieur qui porte votre capote est le père de Céleste.

GASTON

Diable!... (*Il parle à l'oreille de Bienvenu.*)

BIENVENU, *bas.*

Tout va à merveille... (*A Célestin.*) Jeune homme, restez ici... Quant à vous, monsieur Gaston, vous allez conduire mam'selle à la guinguette, où vous nous attendrez. (*Ils sortent.*)

CÉLESTIN, *bas.*

Êtes-vous sûr de ce jeune soldat?...

BIENVENU

Comme de moi-même... (*Il va parler à Urbain.*)

SCÈNE VIII.

DUGAS, URBAIN, BIENVENU, CÉLESTIN.

DUGAS, *se levant, surpris.*

Te voilà... C'est donc ainsi que tu te pends?...

CÉLESTIN, *indiquant la corde.*

En voici la preuve.

URBAIN

C'est moi qui l'ai dépendu.

DUGAS

Qu'as-tu fait de ma fille, galopin?...

BIENVENU

Pourquoi que vous débinez ce garçon, puisqu'il n'est pas encore votre gendre?...

DUGAS

Moi, devenir son beau-père, jamais!... Je te le répète, qu'as-tu fait de ma fille?

URBAIN, *bas à Bienvenu.*

Il faut brusquer ce mariage... (*Haut.*) Votre fille était avec lui à la guinguette... dans un cabinet... (*Riant.*) Eh! eh!... on est jeune, et vous savez...

DUGAS, *furieux.*

Misérable! tu as osé... Oh! ma pauvre enfant, il t'a immolée à ses orageuses passions!...

CÉLESTIN

Non, monsieur, je vous jure que...

URBAIN, *bas à Célestin.*

Taisez votre bec!... (*Haut.*) Quoi que vous avez à dire, puisqu'il veut en faire sa légitime...

BIENVENU

S'il l'a déjà prise, faudra bien la lui donner... Une fille, c'est pas comme des marchandises... Plus ça change de mains, plus ça perd.

DUGAS

Oh! le gredin!... le polisson!...

CÉLESTIN

Vous l'entendez, ce vieux cantaloup!...

DUGAS

Il a dit?...

BIENVENU

Approximativement, je crois avoir ouï un nom de melon.

DUGAS

Si tu n'étais pas un lâche, je te demanderais raison de ton impertinence.

CÉLESTIN

Vous faites votre esbrouffeur, parce que vous savez que mon affection pour votre fille me défend de me mesurer avec vous.

DUGAS

Vous voyez qu'il recule... *(A part.)* Je m'y attendais... *(Haut.)* Tu caponnes, couard, poltron !...

CÉLESTIN

C'est trop abuser de mon respect et de ma patience... Veuillez, messieurs, arrêter les conditions du combat.

BIENVENU

Votre confiance nous honore... *(Bas à Urbain.)* Nous allons rigoler un brin avec ces pékins-là... *(A Célestin.)* Suivez-nous... *(Ils traversent le ruisseau.)*

DUGAS, *à part.*

Je crains d'être allé trop loin... *(Haut.)* Mais nous n'avons point d'armes.

BIENVENU

J'ai mon sabre. *(Il le donne à Dugas.)*

URBAIN, *donnant celui de Gaston à Célestin.*

Et voici son compagnon. *(Il regarde Dugas avec intention.)* Une fameuse lame!... Elle vous tuerait un homme rien qu'en le regardant.

DUGAS

Si je meurs, que deviendra ma pauvre fille?...

URBAIN

Quelle bêtise!... Elle se mariera avec votre commis.

DUGAS, *réfléchissant et à part.*

Que le duel est une chose absurde!... Si Célestin me tue, il épousera ma fille... J'aurais donc intérêt à la lui donner tout de suite.

URBAIN

Messieurs, préparez-vous à croiser le fer... (*A Dugas.*) Mon ancien, placez-vous ici... (*A gauche.*) On dirait que vous avez la venette?...

DUGAS

J'ai pris froid... (*Toussant.*) Ayez donc des filles!...

BIENVENU, *il conduit Célestin à droite, en face de Dugas, mais de façon qu'ils ne puissent pas s'atteindre avec leurs armes.*

Jeune homme, mettez-vous là... Attention! (*Comme s'il faisait des armes.*) Et une, deux et... (*Il s'arrête en entendant Dorine, Mathilde et Elisa chanter, à droite, dans la coulisse.*)

AIR : *Nous avons de belles filles*, etc. (*)

Livrons-nous aux amourettes,
Filles et garçons,
Sur le pont des olivettes,
Sur le pont des olivons!..

URBAIN

Les voici... (*D'un ton de commandement.*) Portez armes!...

(*) Ronde très populaire en Provence.

BIENVENU, *même jeu.*

Droite, alignement... Fixe!... (*Ils se mettent tous au port d'armes et à l'alignement.*

SCÈNE IX.

LES MÊMES, DORINE, MATHILDE, ÉLISA.

(*Elles portent chacune une ombrelle et un panier. Elles entrent en chantant et en dansant.*

C'est pour nous mettre en goguettes
Qu'ici nous venons,
Sur le pont des olivettes,
Sur le pont des olivons !...

URBAIN, *criant.*

Halte-là!... Qui vive?...

(*Elles s'arrêtent et déposent leurs paniers contre les arbres de droite.*)

MATHILDE

Patrouille !... (*Elles ferment leurs ombrelles et se mettent au port d'armes.*)

URBAIN

Caporal, venez reconnaître.

BIENVENU

Avancez à l'ordre!... (*Il descend vivement la scène.*)

MATHILDE, *allant à Bienvenu et bas.*

Gigot à l'ail.

BIENVENU, *l'embrassant.*

Et amour à perpétuité !...

DORINE

Quels sont ces pierrots que je vois là-bas avec Urbain?

BIENVENU, *bas.*

Ce sont deux pékins qui nous ont choisis pour leur servir de témoins. C'est un duel qui se terminera par un mariage.

DORINE

Où est Gaston?

BIENVENU, *bas.*

Il est là (*à gauche*), à la guinguette, avec la future du jeune homme.

MATHILDE, *bas.*

Vous n'êtes pas jalouse, madame Dorine?

DORINE

Pour être jalouse, il faudrait croire à l'amour des hommes, et je n'y crois plus... Pourvu qu'ils me casquent des monacos, je me fiche du reste comme de mes premières bottines!...

ELISA

Vous n'aimez que la braise, vous!...

MATHILDE

Moi, je dis zut pour la monnaie!... Tout ce que je demande, c'est d'être aimée de mon beau sapeur!...

BIENVENU

O Mathilde!... voilà qui flatte supérieurement l'amour-propre d'un caporal à qui le gouvernement n'alloue que quarante-un sous... tous les cinq jours.

DORINE

Avec ça que vous êtes fidèle, vous qui en contez à toutes les femmes?...

BIENVENU

Je ne dis pas non; mais je vas vous expliquer la

chose. Sans les femmes, il est probable que je ne serais pas de ce monde. C'est pour cela que, toutes les fois que l'occasion s'en présente, je tiens, par mes amabilités, à leur prouver ostensiblement ma reconnaissance.

DUGAS, *toussant.*

Maudit catarrhe!... (*A part.*) Et Barbe qui ne vient pas!... Si elle était là, tout pourrait s'arranger.

CÉLESTIN, *s'étirant.*

Cette immobilité me donne la crampe.

URBAIN

Silence dans les rangs!... Eh! là-bas!... Avez-vous bientôt fini de dévider votre bobine?...

BIENVENU

Mes petits ratons, ayez l'obligeance de vous rendre à la guinguette... Vous reviendrez dans une heure avec Gaston (*bas*) et la jeune colombe confiée à sa garde.

ÉLISA, *envoyant un baiser à Urbain.*

A tout à l'heure, mon bébé!...

URBAIN, *même jeu.*

A bientôt, mon trognon chéri!...

BIENVENU, *les accompagnant à gauche.*

Au revoir, mes jolis toutous!...

SCÈNE X.

URBAIN, CÉLESTIN, DUGAS, BIENVENU.

BIENVENU, *traversant le ruisseau.*

Reprenez vos positions respectives et engagez vivement le combat.

URBAIN, *les faisant placer où ils se trouvaient au moment de l'entrée des dames.*

Ça y est... Et *fai tira, Marius.*

BIENVENU, *gravement, en se plaçant entre eux.*

Messieurs, avant de vous aligner et de vous tuer peut-être pour toute votre vie, notre devoir est de vous inculquer que si vous êtes susceptibles de reconnaître vos torts, vous n'aurez qu'à vous faire mutuellement des excuses. (*Satisfaction de Dugas.*)

URBAIN, *gravement.*

L'honneur ne s'y oppose point,... au contraire...

BIENVENU

Cependant comme on pourrait présupposer que c'est par couardise, ou ce qui serait plus pire encore, par pusillanimité, nous préférons vous voir vous crever la paillasse que de vous croire capables de sonner devant la mort.

DUGAS

Si Célestin me faisait des excuses.

CÉLESTIN

C'est vous qui m'avez insulté, et vous voudriez...

BIENVENU

Assez de paroles fastidieuses et superflues!... Qu'est-ce qui m'a bâti de pareilles poules mouillées?... En garde, sacrebleu!... Et une, deux (*se fendant*) et trois!...

(*Dugas et Célestin se mettent en garde.*)

CÉLESTIN

Si vous rompez toujours, il me sera impossible de vous atteindre.

DUGAS

Je suis tellement nerveux que je ne puis rester une seconde à la même place... (*Il tombe, en rompant.*) Sapristi!...

CÉLESTIN

Votre vie m'appartient.

URBAIN, *désarmant Célestin.*

Quand un Français a renversé son ennemi, il lui tend la main et ne l'assassine pas!...

BIENVENU, *gravement.*

L'honneur est satisfait... Vous êtes des braves!... (*Il remet les armes dans leurs fourreaux.*)

URBAIN

Et maintenant embrassez-vous comme de bons amis en attendant que ce soit comme de bons parents. (*Ils s'embrassent.*)

SCÈNE XI.

LES MÊMES, BARBE, *portant un chapeau et divers objets dans un foulard.*

BARBE

Monsieur, voilà des vêtements... (*Surprise.*) Eh quoi! monsieur Célestin, vous n'êtes pas trépassé?...

CÉLESTIN

Comme vous le voyez, ma bonne Barbe..

BARBE

Et mademoiselle Céleste?

DUGAS

Elle existe, Barbe, elle existe!... (*Satisfaction de Barbe.*)

BIENVENU

Si vous étiez venue plus tôt, vous auriez assisté à un duel sanglant.

DUGAS

Entre Célestin et moi.

BARBE

Personne n'a été blessé?...

DUGAS, *se frottant le bas du dos.*

Personne.

CÉLESTIN

Mais si nos témoins ne nous avaient pas séparés...

URBAIN

Vous n'auriez pas trouvé un morceau gros comme ça de votre bourgeois et de son commis.

BIENVENU

C'était pas des hommes, c'était des lions, des tigres, qui auraient fini par s'entre-dévorer.

DUGAS, *avec fierté.*

C'est que j'ai servi, moi!...

URBAIN

Où ça? Dans un café ou dans un restaurant?

DUGAS

Dans la garde nationale.

BIENVENU

Fichtre!... vous nous en direz tant...

DUGAS

Je n'ai jamais reculé ; et l'on me voyait toujours à la tête de mon régiment... N'est-ce pas, Barbe ?

BARBE

C'est vrai, monsieur était toujours en avant.

CÉLESTIN

Parbleu !... Il était dans la musique.

BIENVENU, *avec dignité.*

Vous oubliez que, nonobstant votre présence dans la tête de colonne, vous arriviez subséquemment après les sapeurs.

URBAIN

Et même après les tambours.

BIENVENU

Vous étiez dans les cuivres ?

DUGAS

Je jouais de la clarinette.

BIENVENU

Instrument chéri des aveugles, mais peu estimé dans l'armée.

DUGAS

Barbe, apporte-moi mes effets et donne-moi ma redingote... Elle doit être sèche... Que dirait ma fille, si elle me voyait dans cet accoutrement ?...

BIENVENU

Mam'selle, attrapez-vous à cette perche... (*Il aide Barbe, en lui donnant la main. à traverser le ruisseau, puis il descend la scène.*)

BARBE, *donnant la redingote, le chapeau et le reste.*

Voilà ce que vous m'avez demandé.

DUGAS

C'est bien et laisse-nous. (*Il quitte la tunique et met sa redingote.*)

CÉLESTIN, *qui a suivi Bienvenu.*

Monsieur le sapeur, je cours auprès de Céleste... Je crains que le volontaire... (*Il sort par la gauche.*)

BIENVENU

Allez, jeune homme, allez où l'amour vous appelle... (*A part.*) Je ne suis pas fâché de me trouver seul à seul avec mam'selle Barbe; histoire de passer un moment agréable...

DUGAS

Monsieur le marin, soyez assez bon de me suivre, pour que je vous restitue votre pantalon... (*Ils sortent par la droite.*)

SCÈNE XII.

BIENVENU, BARBE.

BARBE

Monsieur, vous trouverez dans le foulard un gilet de flanelle, un caleçon et des chaussettes... Ayez soin, en changeant de vêtements, de ne pas vous refroidir. (*Elle traverse avec précaution le ruisseau en retroussant sa robe.*) J'ai le vertige!...

BIENVENU, (*Il accourt et lui tend la main.*

Mam'selle, je suis là!... Sacré nom d'un chien, quel mollet!... Faut pas rougir pour ça. Je vous fiche mon billet que vous avez une jambe bigrement bien tournée ! (*Il la prend par la taille.*)

BARBE, *se dégageant avec colère.*

Monsieur le sapeur, je vous préviens que si vous vous avisiez de recommencer (*le menaçant*), je ne vous manquerais pas.

BIENVENU, *amoureusement.*

AIR : *Tendres échos errants dans ces vallons.*
Barbe, pourquoi me cacher des appas
Dont une femme a le droit d'être fière ?
A mes desirs, non, vous ne devriez pas
Vous opposer avec tant de colère !
Quand de Marseille on peut voir le Jarret,
Vous pouvez bien montrer votre mollet...

BARBE

Sachez que je n'ajouterai jamais foi aux discours d'un militaire.

BIENVENU, *surpris.*

Et pour quelle raison ?

BARBE

Parce qu'ils sont tous des craqueurs, des hâbleurs...

BIENVENU

Pour ce qui est des subalternes, je ne dis pas non... Le militaire aime en proportion de son grade... Conséquemment l'amour d'un simple fantassin est donc inférieur à celui d'un caporal de sapeurs... Pour lors (*amoureusement*), Barbe, accordez-moi un bécot,... un tout petit bécot !...

BARBE, *s'éloignant.*

Si vos intentions sont honnêtes, vous n'aurez qu'à en faire part à monsieur Dugas.

BIENVENU, *à part.*

Elle en pincerait pour le conjungo; mais pour ça, elle peut se fouiller!... (*Haut.*) Ce serait un vrai miel pour moi que de voir mon numéro matricule dans le régiment où vous voudriez m'incorporer. Malheureusement, ce ne sera que dans trois ans que nous pourrons nous conjoindre à perpétuité devant monsieur le maire; car, ayant alors mon congé, je ne craindrai plus que le service vienne interrompre l'épanchement de nos amours réciproques. Au jour d'aujourd'hui, si je passais une nuit hors la caserne, on me ficherait à la salle de police pour un temps indéterminé, ce qui serait peu rigolo pour moi. Et j'aime à présupposer qu'il en serait de même de votre côté. (*A part.*) Subrepticement parlant, j'ai arrangé ça aux petits oignons!...

BARBE

Eh bien! lorsque vous serez libre, nous en recauserons; mais, jusque-là, je vous prie de me laisser tranquille.

BIENVENU, *surpris.*

Et vous auriez la cruauté de ne pas obtempérer à mes désirs et de me laisser souffrir pendant trois ans,... trois siècles,... la vie d'un homme, quoi... sans m'accorder de petits acomptes, à seule fin de me faire prendre patience? Que vous êtes dure et barbare, Barbe!...

SCÈNE XIII.

LES MÊMES, CÉLESTIN, puis DUGAS et URBAIN, *revêtus de leurs costumes.*

CÉLESTIN, *entrant vivement.*

Je suis fou!... Ce jeune volontaire...

BIENVENU

Qu'est-ce qu'il a fait?...

CÉLESTIN

Il m'a enlevé Céleste.

BARBE

Serait-ce possible?

BIENVENU

Et Mathilde?

CÉLESTIN

Votre femme?... Je ne l'ai pas vue?

BARBE

Vous êtes donc marié?...

BIENVENU, *à part.*

Patatras, me voilà rasé complètement!... *(Embarrassé et haut.)* C'est pas tout à fait ma femme... C'est... une payse,... l'ex-nounou du gosse de mon colonel.

BARBE, *avec mépris.*

Et vous vous êtes permis... Fiez-vous donc aux militaires!...

CÉLESTIN, *furieux.*

Oh! si je le tenais, lui, l'infâme!... Qui sait où ils sont allés tous deux?...

DUGAS, *descendant lentement la scène.*

Barbe, je voudrais bien voir ma fille.

CÉLESTIN

Votre fille est partie avec un soldat.

DUGAS

Un soldat?...

BIENVENU

Silence !... (*Écoutant.*) Je crois entendre des gazouillements de femmes...

URBAIN, *il descend vivement la scène et va à droite.*

Et moi, voir là-bas, entre les arbres, des vêtements qui annoncent un sesque qui n'est pas le mien.

CÉLESTIN, *allant à droite.*

Je n'aperçois pas Céleste.

DUGAS

Malheureux, c'est toi qui l'as perdue !...

CÉLESTIN, *s'arrachant les cheveux.*

Je croyais qu'elle n'aimait que moi, et elle s'est livrée à l'armée française !...

BIENVENU, *il va à droite, en regardant.*

Qui agite un mouchoir? Serait-ce un parlementaire ?...

URBAIN

Allons à sa rencontre.

SCÈNE XIV.

LES MÊMES, GASTON, *portant une bouteille dont il se sert comme d'un clairon.*

GASTON, *entrant.*

Tu tu tu !... Je viens demander à monsieur Dugas, s'il adhère au mariage de sa fille avec monsieur Célestin ?... Si oui, mademoiselle Céleste va lui être immédiatement rendue.

CÉLESTIN, *colère.*

Qui sait comment vous la lui rendrez ?...

GASTON, *avec dignité.*

Telle qu'elle m'a été confiée; et, si vous portiez un sabre, je vous forcerais de le croiser avec le mien, pour laver l'outrage que vous venez de me faire.

BIENVENU

Voilà qui est parler français!... Accuser monsieur Gaston d'une pareille trahison...

CÉLESTIN

J'ai eu tort... L'amour est mon excuse.

GASTON

Ce n'est pas votre excuse que je veux... (*Il le regarde avec bonté, en lui ouvrant les bras.*) Voilà ce qu'il me faut... (*Ils s'embrassent.*)

DUGAS

Ce militaire m'a attendri.

BARBE

Quel brave jeune homme!

BIENVENU

Mam'selle, nous sommes tous comme ça dans l'infanterie!...

URBAIN

Et dans la marine donc?... Volontaire, faites venir la demoiselle, puisque le papa consent à la marier, et que ça finisse, car j'ai une faim et une soif...

GASTON, *comme s'il sonnait du clairon.*

Tu tu tu!... La paix est conclue. Mademoiselle Céleste, votre père vous attend.

SCÈNE XV.

LES MÊMES, CÉLESTE, DORINE, MATHILDE, ÉLISA.

DORINE, MATHILDE, ÉLISA.

(*Chacune d'elles porte une bouteille. Elles entrent en suivant Céleste.*

AIR : *Gentille Moscovite* (Lestocq).

Mon enfant, plus d'alarmes,
Pour vous nous combattrons ;
Car nous avons des armes,
(*Montrant les bouteilles.*)
Qui valent des canons.

URBAIN

Cré nom de nom!... Si l'on faisait la guerre avec de pareils engins, comme les peuples fraterniseraient vite!...

DUGAS

Ma fille (*toussant*), je te pardonne, quoique tu m'aies fait prendre un bain qui a réveillé mon catarrhe. (*La regardant.*) Que c'est agréable d'avoir des enfants!... (*A part.*) Heureusement que je n'en ai qu'un.

BARBE

O mademoiselle, que je suis contente de vous revoir!

CÉLESTIN

Ma chère Céleste, je suis dans la jubilation... Votre père m'accorde votre main.

DUGAS, *à part.*

Je vais le pincer. (*Haut.*) Ma fille, voici ce que j'ai trouvé dans les poches de la capote dont Célestin s'était affublé pour perpétrer son crime. (*Il lui donne la photographie.*)

CÉLESTE

Un portrait de femme!... (*Pleurant.*) Oh! vous êtes indigne de mon affection!...

CÉLESTIN, *regardant le portrait.*

Je vous jure que je ne connais pas cette personne-là. (*Bas à Dorine.*) C'est votre photographie...

DUGAS

Tu le vois, il te faisait croire qu'il t'aimait, et il était l'amant d'une *rocambole.*

DORINE

Une *rocambole?...* Dites donc, veuillez ménager vos expressions, espèce de ramolli!...

DUGAS

Ramolli, moi, un fabricant d'eaux minérales... naturelles; moi, un chimiste! (*Tirant les objets de sa poche.*) Et ces cigares d'un prix élevé; ce mouchoir brodé?... Et cette lettre d'une certaine Dorine qui lui demande de l'argent... Car ces dames-là ne vous aiment que pour ça.

DORINE

Aurez-vous bientôt fini de me mécaniser, vieil abruti!

BIENVENU

Tous ces bibelots, y compris madame Dorine, appartiennent à ce jeune soldat.

CÉLESTE, *à Dugas.*

Le portrait n'a donc pas été donné à Célestin, mais à ce militaire.

GASTON

Comment, monsieur, vous vous êtes permis de me dévaliser?...

DUGAS, *il lui rend les objets et à part.*

Tout cela n'est pas clair.

CÉLESTIN, *bas à Dorine.*

Où étiez-vous, avec Céleste, quand je me suis rendu à la guinguette?...

DORINE

Nous étions aux Chartreux, pour y acheter le champagne dont Gaston veut nous régaler.

URBAIN, *regardant l'étiquette.*

Du champagne de la veuve Clicquot!... Que voilà une veuve à qui j'offrirais volontiers ma main!

ÉLISA

Et tu me lâcherais?...

URBAIN

Pardi pas!... Je te caserais dans la maison de mon épouse. Je lui dirais que tu es ma femme de chambre.

DUGAS, *à Bienvenu.*

Jamais je ne goberai qu'un pioupiou puisse posséder une femme aussi cossue que madame.

BIENVENU

Ce pioupiou est le fils du marquis de Beauval, un archimillionnaire, dont mon père est l'un des fermiers.

URBAIN

Ce pioupiou est mon frère de lait; c'est ma mère qui l'a nourri.

DUGAS

Vous n'êtes que simple soldat avec votre grande fortune et vos titres nobiliaires?

GASTON

Hélas! oui, comme le plus humble mortel!...

DUGAS

Mais où allons-nous, messieurs, où allons-nous?...

GASTON

AIR : *Je n'ai point vu dans ces bosquets.*

Où nous allons?... C'est vers l'égalité
Qui doit un jour rendre à notre patrie
Le règne heureux de la fraternité,
Et nous soustraire à toute tyrannie.
Le temps est proche, où, confondant nos rangs,
   (*Prenant la main de Bienvenu et d'Urbain.*)
Nous formerons une sainte alliance.
Nobles, bourgeois, ouvriers, paysans,
Unis alors, seront les vrais enfants
De notre belle et chère France.

URRAIN, *avec fierté.*

C'est nous les vrais enfants de la France!... Nous sommes sa force, sa gloire...

BIENVENU, *prenant une pose.*

Et son plus bel ornement.

DUGAS

Et nous autres, contribuables, nous ne comptons pour rien...

GASTON

Monsieur a raison : sans argent, point de Suisse.

URBAIN

Vous êtes le nerf de la guerre, et nous, soldats, nous en sommes le nerf de bœuf. Mais c'est assez jacasser. Ma place d'armes (*mettant la main sur son estomac*) réclame des munitions. Il me semble qu'il serait temps de jouer de la fourchette, n'est-ce pas, mesdames? (*Il franchit le ruisseau et rapporte la tunique, le sabre et les objets déposés au second plan.*)

DORINE, *tirant d'un panier une nappe qu'elle met au milieu de la scène, près du second plan.*

Mettons le couvert.

(*Mathilde vide les paniers et place sur la nappe les assiettes, les verres et les victuailles.*

ÉLISA, *prenant les paquets que lui remet Urbain.*
Servons chaud!...

MATHILDE

Et allons-y gaîment!...

URBAIN, *à Gaston, en lui donnant la tunique et le sabre.*

Est-ce que ces paroissiens ne vont pas prendre leurs cliques et leurs claques?...

GASTON

Nous devons les inviter; les convenances l'exigent. (*Il donne son porte-monnaie à Bienvenu, en lui parlant à l'oreille, puis met sa tunique et son ceinturon.*)

BIENVENU

C'est compris... (*Il sort par la gauche.*)

URBAIN

Ils n'accepteront pas... Ce sont des gens trop chics pour casser la croûte avec des soldats.

GASTON

Tu vas voir... (*A Dugas, en se découvrant.*) J'ai l'honneur de vous offrir une place à notre modeste repas, qui sera celui des fiançailles de votre charmante fille et de monsieur Célestin.

CÉLESTIN

On ne peut refuser une invitation faite avec tant d'à-propos et de politesse.

BARBE, *bas à Dugas.*

Nous attabler avec un monde aussi corrompu, ce serait inconvenant pour votre demoiselle et pour moi.

DUGAS, *bas à Gaston.*

Cette société est bien... mêlée... (*Haut.*) Mais du moment que c'est un comte qui nous invite...

URBAIN

Asseyons-nous. La place d'honneur appartient au papa et à mam'selle Barbe. (*Au milieu de la scène, au fond du premier plan.*) Chacun de nous se mettra à côté de sa chacune. (*Ils s'assoient en rond.*) Et préparons-nous à l'abordage!...

BIENVENU, *il apporte des verres, des assiettes, des bouteilles, et bas.*

Urbain, observe-toi, et pas de paroles incongrues devant les bourgeois. (*Il s'assied près de Mathilde et ils se mettent tous à manger.*)

URBAIN, *bas.*

C'est ce qui me démâte, tonnerre de sort!... Moi qui étais venu avec l'idée de prendre une cuite, il faudra que je me tienne en respect comme un saint dans sa niche!...

Oh! que nenni!... (*Haut, en prenant une bouteille.*) Canonniers, à vos pièces. . (*Il remplit les verres.*)

GASTON

Je porte un toast au bonheur des futurs époux !...

BIENVENU

Et moi, à leur papa, à ce brave monsieur Dugas, qui a vaillamment servi son pays... comme clarinette dans la garde nationale!...

TOUS, *excepté Dugas et Céleste, en battant un triple ban.*

Bravo!...

URBAIN

Dressons nos batteries... Les canons sont chargés, et feu de tribord et de babord!... (*Chacun boit.*)

CÉLESTIN

Permettez-moi de vous remercier et de boire à...

SCÈNE XVI.

LES MÊMES, LE REPORTER.

LE REPORTER, *il entre vivement par la droite, en tenant le chapeau de Dugas.*

Messieurs, on vient de trouver ce chapeau sur les bords du Jarret. En qualité de reporter de la *Langousie Marseillaise*, j'ai remonté le cours du ruisseau, afin de m'informer si ce couvre-chef ne recouvrait pas un crime.

DUGAS

Ce chapeau m'appartient.

LE REPORTER

Vous portez donc deux chapeaux?... Tiens, tiens!...

c'est à ce bon monsieur Dugas que j'ai l'honneur de parler!... Et comment ça va?

DUGAS

Pas trop mal (*toussant*), si ce n'était mon catarrhe.

LE REPORTER, *voyant la corde*.

Qu'est-ce que cela?... Quelqu'un se serait-il pendu?... (*Gaston va dénouer la corde*.)

CÉLESTIN

Voici le fait : Monsieur Dugas, mon patron, m'avait refusé la main de sa fille, parce qu'il est riche et que je n'ai rien. Fou de désespoir, j'étais venu ici pour me pendre, et, sans ces braves soldats, je serais à présent dans l'éternité...

LE REPORTER

Mais ce chapeau ramassé près du pont des Chartreux?

DUGAS

Je l'ai perdu, en traversant le Jarret.

LE REPORTER, *il tire un carnet de sa poche sur lequel il écrit*.

Je vais faire mon article.

GASTON, *qui a redescendu la scène, donne la corde à Céleste*.

AIR de *Farinelli*.

Puisque la corde d'un pendu
A d'un talisman la puissance,
Sur monsieur votre prétendu
Vous en ferez l'expérience ;
Car elle lui rappellera
Qu'il vous donna toute son âme,
Et, s'il se pend, ce ne sera,
Désormais, qu'au cou de sa femme.

Pour toi j'aurai toujours
L'amour le plus sincère.

RACHEL, VINCENT, *bêchant.*

Ne croyez pas, ma chère,
A ces tendres discours ;
Car l'homme ment toujours,
Quand il cherche à vous plaire.

ANTONIN

Et je terminais ainsi mon idylle :

Vivre à jamais auprès de toi,
Voilà ce que j'ambitionne.
L'amour nous offre sa couronne
Qui vaut mieux que celle d'un roi.

ENSEMBLE

ANTONIN

Ne doute point, ma chère, etc.

RACHEL, VINCENT, *entrant à droite.*

Ne croyez pas, ma chère, etc.

RACHEL

Voilà les jolies choses que je t'inspirais pendant notre lune de miel... Mais laissons cela et occupons-nous de mettre le couvert. (*Elle entre à gauche et en rapporte du linge et des assiettes.*)

ANTONIN

Et après notre dînette, Rachel viendra faire dodo à côté de son petit bébé... (*Se pressant le ventre.*) J'ai une faim de carnivore qui, depuis huit jours, n'aurait rien mis sous la dent.

RACHEL, *mettant la nappe et les assiettes sur la table.*

Tu ne penses jamais qu'à manger.

ANTONIN

Parce que je pense trop à toi, méchante!... (*Il l'embrasse.*) C'est ça qui me creuse...

SCÈNE III.

RACHEL, ANTONIN, CANISSON.

CANISSON, *il s'arrête en entrant.*

Eh! eh! continue. Antonin...

RACHEL, *à part.*

Ciel! c'est Canisson!...

ANTONIN, *bas.*

Mon patron!... Nous voilà dans de jolis draps!

RACHEL, *bas.*

Comment en sortir?... Il est myope, remettons mon masque. (*A part.*) Allez donc à la campagne pour y être libres et tranquilles!...

CANISSON, *il quitte son pardessus et le jette sur le banc.*

Antonin, je suis sûr que tu ne m'attendais pas...

ANTONIN

J'avoue que votre visite me surprend un peu...

CANISSON, *regardant Rachel.*

Je suis venu te voir, afin de te consulter pour une opération commerciale... Ton père m'a dit que tu étais parti hier au soir pour la campagne. D'après ton costume et celui de madame, je vois que, pour vous rendre ici, vous avez passé par le bal masqué.

ANTONIN

J'ai été au bal que mon cercle a donné, et je suis venu à la campagne pour me reposer.

CANISSON, *même jeu et à part.*

Plus je regarde cette femme, plus il me semble la reconnaître. (*Haut.*) J'ai été invité à une soirée, où il fallait être déguisé... Je me suis travesti en marquis, cela donne un air régence, un air de roué... Pendant que je dansais une polka, j'ai pensé qu'il y aurait un beau coup à faire sur les réglisses.

ANTONIN

Et c'est en polkant que vous avez eu cette idée?... Vous êtes un véritable négociant.

CANISSON

Je me suis dit (*dansant une polka que l'orchestre exécute en sourdine*) : La Catalogne se soulève. La guerre civile va mettre cette province à feu et à sang. Les réglisses de Tortosa sont fort estimées. J'aurais donc d'énormes bénéfices à réaliser, si je pouvais dès aujourd'hui accaparer toutes les réglisses qui se trouvent en Catalogne. Une fois détenteur de cette marchandise, je fais la hausse (*la musique et la danse cessent*), et le tour est joué... As-tu saisi?... (*regardant Rachel.*) Vraiment, c'est à s'y méprendre... Tu as là une personne qui me paraît très appétissante... Eh! eh! mon gaillard, tu t'amuses et tu as raison... (*Bas.*) Quelle est cette femme?

ANTONIN, *embarrassé.*

Ce n'est pas une femme... c'est... c'est ma tante...

CANISSON

Comment ta tante?...

ANTONIN, *à part.*

Je ne sais plus ce que je dis... Je barbotte... (*Haut.*) Oui, c'est une vieille parente...

CANISSON, *se rapprochant de Rachel qui s'éloigne de lui.*

Avec une taille aussi fine et des cheveux aussi abondants, une femme n'est point vieille, mon bon !... La ressemblance est tellement frappante, que, si Rachel n'était pas à Cucuron, chez sa sœur de lait, je parierais que c'est elle...

ANTONIN

Il y a tant de gens qui se ressemblent !...

RACHEL, *bas à Antonin, sans être vue de Canisson.*

Il me reste un moyen pour détruire ses soupçons. (*Elle sort par la droite.*)

CANISSON, *regardant du côté où était Rachel.*

Madame ne me privera pas du plaisir de voir son visage... Elle n'est plus là... Que c'est désagréable d'être myope... (*Cherchant dans sa poche.*) Et pour comble, je n'ai pas mon lorgnon.

ANTONIN, *à part.*

Quelle chance !

CANISSON

Mais où est-elle passée?... (*S'approchant de la table.*) Une table mise !... Eh! eh! Antonin, nous imitons les grands seigneurs d'autrefois... Monsieur a sa petite maison, son parc-aux-cerfs !... (*Il va pour s'asseoir sur la chaise où sont les bottines.*) Qu'est-ce que cela?... (*Ra-*

chel et Vincent traversent la scène et entrent à gauche, sans être vus de Canisson et d'Antonin.) Des bottines de femme!... (*S'approchant d'Antonin.*) Me diras-tu qu'elles appartiennent à ta tante?...

ANTONIN

Elle a de tout petits pieds... Des petons d'enfant...

CANISSON, *élevant la voix.*

Je connais cette chaussure-là... J'ai acheté la pareille pour Rachel... Je l'ai payée trente francs... Comment pouvez-vous, avec vos appointements, vous permettre de telles prodigalités?... Monsieur Antonin, vous êtes le caissier de ma maison... Vous avez eu jusqu'à présent toute ma confiance... Mais, d'après vos folles dépenses, je vois que vous ne la méritez plus...

ANTONIN, *avec dignité.*

Monsieur Canisson, je n'ai jamais cessé d'être honnête homme... Dans une heure, je serai chez vous, et je veux, en ma présence, que vous constatiez l'état de votre caisse.

CANISSON, *se modérant.*

Antonin, quand tu entras dans ma maison, tu sortais du petit séminaire, où tu avais obtenu le troisième accessit de philosophie. Ce succès me fit présumer que ta vie serait celle d'un sage et que tu combattrais victorieusement tes passions... Hélas! je me suis trompé... J'ai été jeune comme toi, j'ai été ardent; mais jamais les femmes ne m'ont fait écarter de mon respect pour la propriété d'autrui.

ANTONIN

C'est ce que j'ai toujours fait.

CANISSON

Antonin, je t'affectionne... Je t'ai promis la main de ma nièce qui sera mon héritière. Mais, en attendant, méfie-toi des femmes, sinon, elles te ruineront... Fais comme moi. A ton âge, je gagnais cinquante francs par mois. Dans ce temps-là, les patrons payaient peu et faisaient travailler leurs employés comme des nègres... J'étais aimable alors, ma taille était bien prise et ma figure distinguée... Mon patron m'avait mis dans la confidence de ses relations avec une danseuse du Grand-Théâtre. Il me chargeait de ses commissions auprès d'elle. Un jour, je trahis sa confiance... Oui, Antonin, un jour, je me trouvai... presque malgré moi... dans les bras de sa maîtresse!

ANTONIN

Vraiment?

CANISSON

Elle raffolait des coquillages, et tous les dimanches je lui apportais des moules, des clovisses, des arapèdes, des oursins que j'étais censé avoir pêchés pour elle. Cela ne me ruinait pas. Adopte mon système. Quand on ne peut pas entretenir de femmes, on s'arrange pour en avoir une qui ne vous coûte rien.

ANTONIN, *riant*.

Et, au besoin, on prend celle de son patron... Vous ne lui donniez que des coquillages?...

CANISSON

Le dimanche seulement,... et il m'arrivait souvent de les manger avec elle... Voilà, à ton âge, le tribut que je payais à l'amour.

ANTONIN

Il doit vous revenir plus cher aujourd'hui?

CANISSON

J'ai soixante-cinq ans, et, depuis une vingtaine d'années, les femmes me font restituer au centuple ce que j'ai pu jadis épargner avec elles.

ANTONIN

Alors vous ne vous fâcheriez pas, si je courtisais madame Rachel?

CANISSON

Dieu t'en garde!... Moi je suis veuf, tandis que mon patron était marié.

ANTONIN, *riant.*

C'est là une circonstance... peu atténuante.

SCÈNE IV.

LES MÊMES, RACHEL, *écoutant sur le seuil de la porte, à gauche,* VINCENT, *déguisé en chic-en-lit.*

CANISSON

Si j'apprenais que Rachel m'est infidèle, je serais terrible dans ma vengeance... Il y a du sang d'Othello dans mes veines!

DUO

ANTONIN

Quoi, vous voudriez vous venger d'une femme?
Cela n'est pas d'un chevalier français!
Si dans son cœur s'allume une autre flamme,
Éteignez-la par de nouveaux bienfaits.

CANISSON

Qui me trahit mérite ma vengeance.

ANTONIN

Ah! vous devriez, cher monsieur Canisson,
Pour une ingrate avoir plus d'indulgence!
(Bas.)
Rappelez-vous ce qu'à votre patron
Vous avez fait quand vous étiez garçon.

ENSEMBLE

CANISSON

Je sais, hélas! lorsque j'étais garçon,
Ce que j'ai fait à mon pauvre patron!

RACHEL, VINCENT, ANTONIN, *bas*.

Rappelez-vous ce qu'à votre patron
Vous avez fait quand vous étiez garçon.

CANISSON

Je reconnais qu'un homme de mon âge
Ne peut prétendre à la fidélité.
Mais mon argent me donne un avantage
Fort recherché par plus d'une beauté.
J'ai donc alors le droit d'exiger d'elle,
Quand je me montre et généreux et bon,
Qu'à ma tendresse elle reste fidèle.

ANTONIN, *bas*.

Rappelez-vous ce qu'à votre patron
Vous avez fait, quand vous étiez garçon.

ENSEMBLE

CANISSON

Je sais, hélas! lorsque j'étais garçon, etc.

RACHEL, VINCENT, ANTONIN, *bas*.

Rappelez-vous ce qu'à votre patron, etc.

CANISSON, *regardant Rachel qui descend la scène avec Vincent.*

Ah! voici notre belle!... Je m'en veux d'avoir oublié mon lorgnon!.

VINCENT

Dites donc, monsieur le marquis, vous regardez de bien près ma femme...

CANISSON, *à Antonin.*

C'est sa femme?... (*Riant.*) Ah! ah! que je suis nigaud! Moi qui me figurais que c'était Rachel!... Ah! ah! farceur d'Antonin!...

ANTONIN, *allant à Rachel et bas.*

Tu as eu une idée lumineuse!

RACHEL, *bas.*

Laisse-nous faire et l'orage sera vite conjuré.

CANISSON

Votre dame, pourrait, d'après ses formes, servir de modèle à un statuaire.

VINCENT

Plaît-il?

ANTONIN

Monsieur veut dire à un sculpteur.

VINCENT

Oui, je sais, à un tailleur de pierres... Je vous reconnais bien, quoique ce soit la première fois que je vous rencontre... Vous me faites l'effet d'un particulier qui y voit de loin, de bien loin... monsieur

CANISSON

Moi?... Je suis myope.

VINCENT

Plaît-il?

ANTONIN

Monsieur vous dit qu'il est myope.

VINCENT, *donnant une poignée de main à Canisson.*

Monsieur Myope, je suis charmé de faire votre connaissance.

CANISSON, *à part.*

Est-il stupide!... (*Haut.*) Je ne m'appelle pas myope... Je suis atteint de myopie... En d'autres termes, j'ai la vue courte.

VINCENT

Tant mieux!... De cette façon-là, vous ne verrez pas ma femme; car je me méfie de vous... Vous êtes sans doute célibataire?

CANISSON

Je suis veuf.

VINCENT

Et moi-z-aussi.

ANTONIN

Comment vous aussi,... puisque...

VINCENT, *bas à Rachel.*

J'ai fait une bêtise; mais je vais arranger ça. (*Haut.*) J'ai dit moi-z-aussi!... C'est ma mère qui était veuve deux ans avant qu'elle m'eût donné le jour, la pauvre femme!

CANISSON, RACHEL et ANTONIN, *riant.*

Ah! ah!

VINCENT, *à part.*

Voilà encore une sottise qu'il me faut réparer! (*Haut, à Canisson.*) Oui, monsieur, elle était veuve; mais je suis issu de son second mariage, ce qui n'empêche pas que la pauvre femme était veuve de son premier mari... Avez-vous compris?... (*Avec colère.*) Ah! ça, aurez-vous bientôt fini de regarder ma femme!...

CANISSON

C'est que sa tournure, sa démarche, ses gestes me rappellent une personne avec qui je suis intimement lié.

VINCENT

Ta ta ta !... Vous me contez là des histoires... Je suis jaloux et ça tournera mal... (*A Rachel.*) Dépêche-toi de rentrer à la maison, si tu ne veux pas recevoir une dégelée. (*Elle sort.*) Tu sais que lorsque je tape, je n'y vais pas de main morte.

SCÈNE V.

CANISSON, VINCENT, ANTONIN.

CANISSON

Vous êtes bien sévère pour votre femme.

VINCENT

Il faudrait peut-être la laisser à votre disposition et assister comme un jobard aux galanteries que vous lui adressez...

CANISSON, *bas à Antonin.*

Tâche qu'il ne te pince jamais avec elle; car il ne te manquerait pas.

ANTONIN, *bas.*

Mes précautions sont bien prises.

CANISSON, *bas.*

Je voudrais voir le visage de la maîtresse.

ANTONIN, *bas.*

Ne vous y exposez pas, autrement gare à son mari.

CANISSON, *bas.*

Apprivoisons-le. (*Haut*) Monsieur est dans les céréales?

VINCENT

Plaît-il?

ANTONIN

Monsieur Canisson vous demande si vous faites le commerce des blés.

VINCENT

Je fais les blés, les haricots, les pommes de terre, les épinards, les...

CANISSON

Les denrées alimentaires, les produits végétaux...

VINCENT

Plaît-il?... Il ne faudrait pas avoir l'air de me mécaniser parce que je suis un campagnard... Moi, quand on m'asticote un peu trop (*montrant ses poings*), c'est avec ça que je réponds...

ANTONIN

Allons, mon ami Vincent, soyez plus calme.

CANISSON, *s'approchant de la porte à gauche et appelant.*

Pst, pst!... Venez, ma belle enfant!...

VINCENT, *il se retourne et saisissant Canisson par le collet.*

Ah! je vous y prends cette fois-ci!... (*Relevant ses manches.*) En garde, et allons-y gaîment!...

ANTONIN, *se plaçant entre eux et à Canisson :*

Venez avec moi faire un tour de jardin... Nous causerons de votre opération sur les réglisses. (*Bas.*) Pendant ce temps sa colère s'apaisera.

CANISSON

Tu as raison, cet homme est un rustre. (*Ils sortent par la droite.*)

VINCENT

Vous faites joliment bien de vous en aller. Pourquoi chercher à m'enlever ma femme, puisqu'à la ville vous en avez qui se donnent à tout le monde...

SCÈNE VI.

RACHEL, VINCENT.

RACHEL, *qui écoutait et dont on ne voyait que la tête, ôte son masque et descend vivement la scène.*

Merci, monsieur Vincent, vous m'avez rendu un service que je n'oublierai jamais. Un comédien n'aurait pas mieux joué son rôle.

VINCENT

Mon costume laisse un peu à désirer sous le rapport de l'élégance... Mais à la campagne, on ne trouve pas tout ce qu'on veut.

RACHEL

Nous avons réussi. Canisson est complètement dérouté.

VINCENT

C'est égal, j'ai failli vous compromettre, quand j'ai avoué que je suis veuf.

RACHEL

Ce qui prouve qu'il n'est pas toujours facile de mentir. Vous êtes réellement veuf?

VINCENT

Hélas! oui.

RACHEL

Si jeune!

VINCENT

Vingt-cinq ans ; aussi vais-je bientôt me remarier avec une Arlésienne, la fille du jardinier d'à côté. On m'avait proposé une demoiselle de la ville, où il m'aurait fallu demeurer ; mais je préfère habiter la campagne.

RACHEL

Vous avez eu raison, Vincent.

VINCENT

Cependant chacun paraît content, heureux à la ville.

RACHEL

On en a l'air : mais on n'en a pas toujours la chanson.

DUO

VINCENT

La ville offre des charmes
Qu'aux champs nous ignorons.

RACHEL

Vous ignorez les larmes
Aussi que nous versons.

VINCENT

J'y vois de belles dames
Dans un chic épatant.

RACHEL

Et maintes fois ces femmes
N'ont pas un sou vaillant.
  Paraître,
  Sans être,
  Voilà,
  Oui-dà,
La stupide manie,
Ou plutôt, bon Vincent,

La ruineuse folie
Des femmes d'à présent.

VINCENT

Quoi! ces riches toilettes
Et ce luxe brillant...

RACHEL

S'obtiennent par des dettes,
Ou bien par un amant.

VINCENT

Si la femme, pour plaire,
Vend ainsi ses appas,
Mieux vaudrait la misère,
Car on n'en rougit pas.

ENSEMBLE

RACHEL, *émue, s'appuyant sur le banc.*

Paraître,
Sans être,
Voilà,
Oui-dà,
La stupide manie,
Ou plutôt, bon Vincent,
La ruineuse folie
Des femmes d'à présent.

VINCENT

Paraître,
Sans être,
Voilà,
Oui-dà,
La stupide manie,
Ou, parlons franchement,
La ruineuse folie
Des femmes d'à présent.

RACHEL

Vous dites vrai, mieux vaudrait la misère.

VINCENT

Je vous ai fait de la peine sans le vouloir... Vous pleurez !

RACHEL

Cela m'arrive souvent, quand je réfléchis sur ma situation.

VINCENT

Pourquoi continuer cette existence ? Vous êtes jeune, jolie ;... vous pourriez vous marier...

RACHEL

Qui voudrait de moi ?... Si avec l'expérience que j'ai acquise, je pouvais revenir à vingt ans, je serais une digne épouse ; car il m'aimait celui que j'ai repoussé parce qu'il était ouvrier... Le luxe, mon ami, voilà ce qui a causé mon malheur et celui de beaucoup de femmes. J'étais coquette, je rêvais une vie opulente... Un homme s'est présenté. Il était généreux... Je crus à ses serments ; il m'a délaissée... Mais à quoi bon pleurer !... Étourdissons-nous !... (*Avec amertume.*) Les hommes qui nous ont veulent que nous soyons gaies... Ils nous paient pour cela... Rions donc !... Ah ! ah !... (*Elle tombe assise sur le banc.*)

VINCENT, *à part.*

Ses regrets, son repentir en feraient peut-être une bonne épouse... Vraiment, la vie de ces belles dames n'est pas toujours semée de roses. (*Haut.*) J'entends ces messieurs qui reviennent... Vite, vite, relevez-vous, madame.

RACHEL

Remettons notre masque... Nous ne devrions jamais le quitter. (*Elle se lève.*)

SCÈNE VII.

LES MÊMES, ANTONIN, CANISSON, *sous le bras d'Antonin.*

CANISSON

Puisque tu approuves ma spéculation, je vais, de ce pas, télégraphier en Catalogne pour faire rafle de tous les bois de réglisse qui s'y trouvent.

ANTONIN

Vous allez réaliser pour le moins une cinquantaine de mille francs de bénéfices.

CANISSON

Aussi, veux-je doubler tes appointements. Au lieu de cent vingt-cinq francs, tu toucheras dès demain deux cent cinquante francs par mois.

ANTONIN

Monsieur Canisson, je ne saurais trop vous remercier.

CANISSON

Tu pourras dorénavant être plus généreux avec ta belle... Quel dommage qu'elle ait épousé un pareil butor!...

VINCENT, *lui tapant sur l'épaule.*

Plaît-il?...

CANISSON

Ah! vous étiez là!... Qu'avez-vous fait de votre femme ?

ANTONIN

Vous devriez la prier de nous apporter des verres et quelques bouteilles de liqueur.

VINCENT, *avec autorité.*

Tu entends, Françoise... (*Rachel sort et rentre en déposant sur la table les objets demandés.*)

CANISSON

Quel est le motif qui lui fait garder son masque?

VINCENT

Avec un lapin comme vous, un mari ne saurait prendre trop de précautions... Ma femme est jolie, vous lui feriez la cour, et puis... vous me comprenez... Ah! si c'était monsieur Antonin! Avec lui ce serait différent...

CANISSON, *bas à Antonin.*

Il se méfie de moi et il a confiance en toi... Voilà bien les maris!... (*Haut.*) Elle ne nous a pas encore dit un mot. C'est extraordinaire!... Votre femme serait-elle muette?

VINCENT

Son médecin lui a défendu de parler... Elle a une *larme-en-gite.*

CANISSON

Une laryngite!... Et vous la conduisez au bal dans l'état où elle est?...

VINCENT

Les femmes ne sont plus malades, quand il s'agit de s'amuser et de montrer leurs colifichets.

CANISSON

J'ai acheté pour une dame une paire de bottines (*les montrant à Vincent*) semblables à celles-ci. Je suis curieux de savoir si on m'a trompé... Combien les avez-vous payées?

VINCENT, *réfléchissant.*

Attendez...

ANTONIN, *toussant.*

Hum! hum!... (*Il lui montre, sans être vu de Canisson, par trois fois ses mains et ses doigts bien ouverts, afin d'indiquer le nombre trente.*)

VINCENT, *à part.*

On dirait que monsieur Antonin veut me magnétiser. (*Haut.*) Ça doit valoir... (*Même jeu d'Antonin.*) Je paie mes brodequins quinze francs et ils sont plus gros et plus lourds que ceux de ma femme. Ça doit valoir dix francs. (*Rire général.*)

CANISSON

Ah! ah!... Dix francs!...

VINCENT

Vous riez, tas de cornichons!... Quand je dis cornichon, c'est de monsieur que je veux parler.

CANISSON

Je vous excuse, nous sommes encore en carnaval... Dix francs!... (*Bas à Antonin.*) C'est toi qui as payé la différence.

ANTONIN, *bas.*

Chut!...

CANISSON

C'est compris.

VINCENT

Je ne me suis jamais occupé des dépenses de ma femme... Il y a des maris qui veulent savoir ce que coûte ceci, ce que coûte cela... Moi, je m'en fiche pas mal!

CANISSON

Vous agissez prudemment.

VINCENT

Elle me dit qu'elle m'est fidèle... Cela me suffit... On viendrait me dire le contraire, je ne le croirais pas. Moi, il faut que je voie, que je touche... Cependant (*bas à Canisson*), entre nous, je gagerais que ma femme en tient pour monsieur Antonin.

CANISSON

Il ne faut pas avoir ces mauvaises idées... La femme est généralement légère; mais de là à supposer qu'elle vous...

VINCENT, *haut.*

C'est que je leur briserais les os, si je les surprenais (*appuyant*) en conversation criminelle !

CANISSON, *à Antonin.*

Tu l'entends; ainsi prends garde à toi!... (*Haut.*) Malgré le plaisir que me procure votre société, je suis obligé de rentrer tout de suite en ville. (*Il se dispose à sortir.*)

ANTONIN

Je ne vous retiens pas; car le moindre retard pourrait faire manquer votre opération sur les réglisses. (*Lui présentant un verre.*)

TRIO

Avant de nous quitter, me ferez-vous l'honneur
D'accepter sans façon un verre de liqueur?
 J'ai du rhum de la Jamaïque,
 Des liqueurs de la Martinique,
 Provenant de la veuve Amphoux

VINCENT, *à part, en riant.*

Ou d'un fabricant de chez nous.

ANTONIN
J'ai, de plus, du cognac et de l'eucalypsinthe...

VINCENT, *regardant les bouteilles qui sont sur la table.*
Du curaçao, du kirsch et même de l'absinthe.

CANISSON
De l'absinthe, nenni, ça trouble le cerveau.

VINCENT, *il prend deux verres et en donne un à Antonin.*
Moi, je n'en bois jamais, fût-elle avec de l'eau.

CANISSON
Moi, c'est le kirsch que je préfère.

ANTONIN
Patron, j'approuve votre choix.

VINCENT
A ma femme gaîment, présentons notre verre.

(*Rachel apporte une bouteille et remplit les verres*).

CANISSON
Madame et chers messieurs, c'est à vous que je bois!

(*Ils boivent.*)

ENSEMBLE
Fût-on sombre et sévère,
Un petit verre,
Plein de cette liqueur,
Nous met de belle humeur
Et nous donne du cœur.

VINCENT
Ce kirsch est excellent!   (*A part.*)
            J'en voudrais bien encore!...

ANTONIN, *à Canisson.*
Merci pour votre toast, vraiment il nous honore!

VINCENT
Pour boire de nouveau, je porte une santé
A monsieur Canisson, à sa postérité!

CANISSON
Mais je n'ai point d'enfant...

ANTONIN
Vous avez une nièce
Qui vous en donnera pour le moins deux ou trois;
Ils égaieront votre vieillesse,
(Riant.) En vous taquinant quelquefois.
Tous mes soins et ceux de leur mère
Tendront à prolonger vos jours.

VINCENT
A ma femme gaîment présentons notre verre.

(Rachel remplit les verres.)

ANTONIN
Je bois à mon patron. (regardant Rachel)
je bois à ses amours!

(Ils boivent.)

ENSEMBLE
Fût-on sombre et sévère,
Un petit verre, etc.

CANISSON
Une importante affaire me réclame,
Dont le profit me paraît clair et bon...
(Se dirigeant vers le fond.)
Adieu, messieurs, adieu, madame!

ANTONIN, VINCENT, RACHEL *l'accompagnant en le saluant.*
Au revoir, monsieur Canisson!.

ANTONIN
Il est fâcheux que vous partiez si vite.

VINCENT, *le retenant.*

Restez encore, et d'un autre flacon
Nous ferons sauter le bouchon.

CANISSON, *se dégageant.*

Non, non, il faut que je vous quitte! (*Il sort.*)

ANTONIN, VINCENT, RACHEL *l'accompagnant de nouveau en le saluant.*

Au revoir, monsieur Canisson!.

SCÈNE VIII.

RACHEL, ANTONIN, VINCENT.

RACHEL, *se démasquant.*

Il est enfin parti!... (*Chantant.*) « Au revoir, monsieur Canisson!... »

VINCENT, *riant.*

Ah! ah!... En voilà un qui a donné dans le panneau!

ANTONIN

Tu nous a tiré une fameuse épine du pied!... Rachel, tu devrais servir les victuailles que nous avons apportées. (*Elle entre à gauche.*) J'ai une faim qui m'aurait fait dévorer mon patron, s'il fût resté là plus longtemps.

VINCENT, *entrant à gauche.*

Moi, je vais remettre mes vêtements.

RACHEL, *plaçant les mets sur la table.*

Fais-moi le plaisir de fermer la porte à double tour et au besoin de la barricader (*Antonin va fermer la porte*); car je vois qu'ici nous sommes plus exposés qu'à la ville.

ANTONIN

Nous n'avons plus rien à redouter... C'est égal, nous l'avons échappé belle; sans la présence d'esprit et le concours du brave Vincent, notre intrigue aurait été découverte... Canisson a doublé mes appointements; s'il t'abandonnait, je...

RACHEL

N'achève pas... A ton âge, c'est avec de charmantes illusions que l'on doit entretenir une femme... Garde ton argent pour le jour où tu verras se rider ton visage et blanchir tes cheveux... Tu pourras alors te payer l'agrément d'avoir une maîtresse. (*Ils se mettent à table.*)

VINCENT

Bon appétit!... (*Il va pour sortir.*) Je vous salue, monsieur et madame.

ANTONIN

Tu vas dîner avec nous. (*Ils mangent.*)

VINCENT

Eh quoi! vous admettriez un paysan à votre table! (*Il s'assied.*)

ANTONIN

Et ce sera un honneur pour nous. Autrefois, tu étais un serf, une bête de somme, attachée à la glèbe; aujourd'hui tu es mon égal, plus que mon égal; car je mets ta profession au-dessus de celle de l'industriel et du commerçant.

RACHEL, *elle bâille en s'étirant.*

Dis donc, Antonin, est-ce que tu poserais la candidature auprès des paysans?... Je meurs de sommeil.

(*Elle laisse tomber sa tête sur l'épaule d'Antonin et s'endort.*)

VINCENT

Il nous manque l'instruction.

ANTONIN

Vous l'obtiendrez, et, ce jour-là, l'agriculteur deviendra l'homme le plus considéré de la terre, comme il en sera toujours le plus utile. (*A part.*) Le sommeil me gagne moi aussi. (*Il s'endort en passant son bras autour du cou de Rachel.*)

VINCENT

Tiens, ils dorment tous deux!... Ils auront trop dansé au bal... N'y faisons pas attention et continuons notre repas. Comme tout cela est délicieux!... (*Il boit.*) Tudieu, quel vin!... (*On frappe à la porte.*) Qui vient encore nous déranger?... Serait-ce monsieur Canisson?... (*On frappe de nouveau.*) Qui frappe?...

FRANÇOISE

Vincent, c'est moi.

SCÈNE IX.

LES MÊMES, FRANÇOISE.

VINCENT, *allant ouvrir.*

Ah! c'est toi, Françoise?

FRANÇOISE, *entrant.*

Tu es gentil!... Je ne suis pas encore ta femme et tu oublies déjà le rendez-vous que tu m'as donné... Que feras-tu donc, quand je m'appellerai madame Vincent?

VINCENT

La faute en est à monsieur Antonin qui a voulu me retenir à dîner.

FRANÇOISE

Il est à table avec... Serait-ce sa femme?

VINCENT

Certainement... Quand je dis certainement, je n'en suis pas bien sûr; mais je sais que pour le moment elle l'est.

FRANÇOISE

A moins que ce ne soit sa sœur.

VINCENT, *riant.*

Allons donc, sa sœur!... Françoise, viens manger un morceau avec moi.

FRANÇOISE

Merci, je n'ai pas faim.

VINCENT, *lui présentant un verre.*

Eh bien! goûte-moi de ce vin-là!... (*Ils trinquent.*) A ta santé! (*Ils boivent.*) N'est-ce pas qu'il a du montant? Revenons-y.

FRANÇOISE

Je sens que ce vin porte à la tête... Vincent, tu n'y es pas habitué, méfie-t-en!...

VINCENT, *désignant Antonin et Rachel.*

Françoise, vois donc... Quel joli tableau!... En les regardant ainsi enlacés, il vous vient des idées,... mais des idées... (*Il veut l'embrasser.*)

FRANÇOISE

Vincent, tais-toi, et pensons à autre chose... Je crois que ce vin (*elle va s'asseoir sur le banc*) m'a grisée.

PREMIER COUPLET

VINCENT, *à ses genoux, en lui baisant les mains.*

Je suis jaloux de leur bonheur
Que nous pourrions goûter de même.
Vois comme l'on dort de bon cœur
Quand on est près de ce qu'on aime!...
    Ils sont heureux,
    Faisons comme eux.

FRANÇOISE, *le repoussant avec douceur.*

Non, Vincent, il faut être sage...
    Ce bonheur-là
    Pour nous viendra,
Dès que nous serons en ménage.

(*Elle s'endort.*)

DEUXIÈME COUPLET

VINCENT

Laisse-moi cueillir un baiser,
Un seul sur ta lèvre vermeille.
Oserais-tu le refuser?...
Eh quoi! la pauvre enfant sommeille! ..
    Ah! je pourrais,
    Si je voulais...

(*Il se lève.*)

Non, Vincent, il faut être sage...
    Ce bonheur-là
    Pour toi viendra,
Dès que tu seras en ménage.

Qu'elle est séduisante ainsi!... Allons (*il se donne une gifle*), monsieur Vincent, soyez retenu et respectez l'innocence!... Ils dorment tous comme des marmottes! C'est donc une épidémie!...

RACHEL, *elle se réveille et se dégage des bras d'Antonin en voyant Françoise.*

Encore une nouvelle figure!... Et dire que l'on va à la campagne pour y être libre et tranquille!... (*Haut en se levant.*) Quelle est cette jeune personne?

VINCENT

Ma fiancée qui est venue me chercher.

RACHEL, *elle va réveiller Antonin qui ronfle.*

Comme c'est poétique un amoureux qui ronfle!... (*Appelant.*) Antonin!

ANTONIN

Qui m'appelle? Serait-ce mon patron?... (*Il se lève vivement.*)

RACHEL, *désignant Françoise.*

Voici une nouvelle visite.

VINCENT, *bas.*

Françoise, réveille-toi!

FRANÇOISE, *surprise et se levant.*

Monsieur et madame, veuillez m'excuser; le vin que Vincent m'a fait boire m'avait assoupie.

ANTONIN

Mademoiselle est la future de Vincent.

RACHEL

Elle est jolie comme toutes les filles de son pays.

VINCENT

On le leur a dit si souvent que les plus laides se croient des Vénus... d'Arles... (*Bas à Rachel.*) Il ne faut pas trop flatter la femme dont on veut faire son épouse.

RACHEL

Mon enfant, votre prétendu est digne de toute votre affection. (*Otant une bague de son doigt.*) Permettez-moi de vous offrir ce souvenir.

FRANÇOISE

Oh! que c'est beau!... Comment pourrais-je vous témoigner ma reconnaissance?...

RACHEL

Faut-il vous le dire?... (*Ouvrant ses bras.*) Eh bien! embrassez-moi!

ANTONIN

Puisque mon patron a augmenté mes appointements, je prends à ma charge votre repas de noce.

FRANÇOISE

Auquel madame nous fera l'honneur d'assister.

RACHEL

Ce serait avec grand plaisir (*soupirant*); mais je ne le puis.

FRANÇOISE

Seriez-vous malade?

VINCENT

Madame a l'estomac très délicat... Son médecin lui a ordonné la diète.

RACHEL, *bas.*

Bien, Vincent, vous m'avez comprise.

VINCENT, *à lui-même, en regardant Rachel.*

Le monde la repousse, les joies même de la famille

lui sont interdites!... Quel triste sort!... (*Haut.*) Nous sommes obligés de prendre congé de vous. On nous attend.

ANTONIN

C'est aussi pour madame et moi l'heure de rentrer chez nous.

FINAL

VINCENT

Mais je voudrais encore entendre
Un couplet de cette chanson
Où l'on parle du mirliton.

ANTONIN

A ton désir je vais me rendre.

FRANÇOISE

Il faut savoir si madame y consent.

RACHEL

On ne peut rien refuser à Vincent
Comme à sa gentille future.
Antonin, donne-moi ton la...

ANTONIN, *l'embrassant.*

Rachel, avec cet accord-là,
Nous jouerons toujours en mesure.

Attention!... Troisième couplet, où l'écharpe municipale se montre la protectrice de l'harmonie, lors même que les instruments ne seraient point d'accord.

RACHEL, *même jeu qu'à la première scène.*

Grâce aux bons gendarmes, le père
Put découvrir sa fille et Jean,
Il les mena devant le maire
Qui d'un mot finit leur roman.

« Enfants, plus d'heures inquiètes,
« L'hymen donne à vos jeux raison,
« Jouez longtemps des castagnettes,
« Jouez longtemps du mirliton ! »

VINCENT

En avant et en chœur!... (*Ils dansent.*)

Jouons longtemps des castagnettes, } *bis.*
Jouons longtemps du mirliton !

(*Ils saluent.*)

RIDEAU

(1878.)

LA SALLE DES VENTES

COMÉDIE EN UN ACTE

A mon ami Maurice Bouquet.

PERSONNAGES :

LAURENT, employé de la salle des ventes.
DAVID, encanteur.
JULES,
ÉDOUARD, } habitués de la salle des ventes.
HENRI,
TAPHIN, marchand de meubles.
MARIUS, portefaix.
LÉONARD, ouvrier charpentier.
LOUISE, ouvrière.
M⁰⁰ LASCARD, brocanteuse.
Une Ouvrière.
Une Dame.
    Un Trompette, portefaix, hommes et femmes.

La scène se passe à Marseille

LA SALLE DES VENTES

La salle des ventes des commissaires-priseurs. — A droite et à gauche, une barrière à claire-voie. — A travers celle de gauche, qui est fermée, on aperçoit sur une table des paquets de linge et des hardes. — La porte de la barrière de droite est ouverte et donne accès dans une salle voûtée. — On y voit quelques meubles. — Au fond, une cour d'où l'on descend plusieurs marches pour entrer dans la salle des ventes. — A gauche de la scène, une longue table entourée de chaises. — A droite, un piano contre la barrière.

SCÈNE PREMIÈRE.

LAURENT, MARIUS, *portant un lit.*

(*De cette scène à la fin de la huitième, des hommes et des femmes, isolés ou par groupes, entrent dans la salle de droite et en sortent au bout de quelques instants.*)

MARIUS

Monsieur Laurent, où dois-je déposer ce lit?

LAURENT

Dans la case numéro trente-trois, où se trouvent déjà des meubles de mademoiselle Gérard.

MARIUS, *surpris.*

On m'a dit, dans sa maison, que c'était une dame! (*Il entre à droite.*)

LAURENT, *le suivant jusqu'à la barrière.*

Vous savez bien qu'ici on est obligé d'indiquer le véritable état-civil.

MARIUS, *rentrant.*

Ce qui ne doit pas amuser bien des gens. Il y avait dans le salon de cette demoiselle, comme la loi nous force à le dire, une jeune et jolie personne qui joue bigrement bien du piano.

LAURENT

J'ai ouï dire que vous êtes grand amateur de musique.

MARIUS

Parbleu! je suis de la Société des *Enfants d'Orphée.* Je chante les barytons. Si vous aviez vu comme cette jeune fille pleurait quand nous avons emporté le piano!... Cela m'a navré... C'est que, nous autres artistes, nous nous comprenons tout de suite; car (*se frappant sur le cœur*) nous avons de ça!...

LAURENT, *se retournant.*

Voici monsieur Taphin et madame Lascard, les coryphées de la haute et basse friperie.

MARIUS

Ah! par exemple, ceux-là n'ont rien des artistes!... Vous ne les verrez pas pleurer, à moins qu'ils ne perdent de l'argent.

SCÈNE II.

LES MÊMES, Mme LASCARD, TAPHIN.

TAPHIN, *à madame Lascard.*

La journée sera bonne.

Mme LASCARD

Je crois, comme vous le dites, que ça boulottera aujourd'hui... (*Le saluant.*) Monsieur Laurent, j'ai bien l'honneur...

TAPHIN, *saluant.*

Monsieur Laurent, je suis bien le vôtre...

LAURENT, *brusquement.*

Et moi aussi... (*A Marius.*) Partons... Je n'aime pas causer avec ces gens-là. (*Ils entrent à droite.*)

SCÈNE III.

TAPHIN, Mme LASCARD.

TAPHIN

Il est peu gracieux, monsieur Laurent.

Mme LASCARD

Un ours. Il ne comprend pas les affaires... J'ai cherché à l'intéresser dans mes opérations... Je lui ai offert pour cela de l'argent, plus que de l'argent... Je lui ai fait entrevoir, par mes agaceries, qu'il n'aurait qu'à dire un mot pour obtenir ma main...

TAPHIN

Et ce mot?...

Mme LASCARD

Il ne l'a jamais prononcé.

TAPHIN, *riant.*

Il attend peut-être pour s'y décider que le divorce soit voté.

Mme LASCARD

Voyant qu'il ne mordait pas au matrimonium, j'ai essayé de gagner son cœur par des cajoleries, des regards pleins de tendresse... Il a été insensible à toutes mes avances.

TAPHIN

Oh! mame Lascard, si j'étais veuf comme vous êtes veuve, et que vous m'en fissiez de pareilles, c'est moi qui les accepterais!... Vous avez amassé un bon magot, et vous êtes une femme qui pourriez encore...

Mme LASCARD, *soupirant*.

Oui, Taphin, je suis une femme qui pourrait encore... Mais qu'avez-vous à désirer?... La vôtre est gentille, avenante; elle vous attire de nombreux clients.

TAPHIN

J'ai les plus gros bonnets de la ville, grâce surtout à ma spécialité des articles de literie. Il faut voir comme ma femme entortille ses chalands. (*Riant.*) Ah! ah! j'en suis souvent épaté!

Mme LASCARD

A-t-il un bon caractère ce brave Taphin!... Votre femme a, en effet, la réputation de gagner beaucoup... sur les lits qu'elle vend.

TAPHIN

Ma maison prospère... Enfin, je suis heureux!

Mme LASCARD

Oh! oui, vous l'êtes, et vous le serez tant que Dieu vous conservera votre femme... Laissons cela et appelons nos associés. (*Elle va vers le fond en criant.*) Eh! vous autres, approchez...

SCÈNE IV.

LES MÊMES, LAURENT, *rentrant par la droite, quatre hommes et une femme descendent la scène.*

LAURENT, *à part.*

Écoutons ce que va délibérer cette honorable assemblée. (*Il s'assied sur le bord de la table.*)

Mme LASCARD

Si un étranger à notre association se présente, n'oublions pas de faire monter le plus haut que nous pourrons le prix de l'objet qu'il veut acheter, afin qu'il lâche pied et ne revienne plus nous faire concurrence... Songez que nous sommes ici chez nous.

TAPHIN

Nous devons être les seuls maîtres de la place.

Mme LASCARD

J'ai divers meubles à fournir à quelques fillettes que des jeunes gens vont mettre en chambre. Suivant nos accords, vous ne pousserez que légèrement, — pour la frime, — les objets que je choisirai, et il en sera de même, de mon côté, à l'égard de ceux que vous désirerez acquérir.

LAURENT, *à part.*

Voilà une association toute philanthropique...

TAPHIN

Ce soir, nous ferons ensemble une nouvelle enchère des articles que chacun de nous aura achetés, et nous

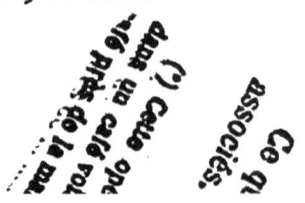

nous partagerons, comme d'habitude, la plus value qu'elle aura produite (').

LAURENT, *à part.*

Et cette plus value sera obtenue au détriment des gens qui bien souvent ont vu apporter ici tout ce qu'ils possèdent.

TAPHIN, *aux associés.*

Vous pouvez aller faire votre choix. (*Ils entrent à droite.*)

SCÈNE V.

TAPHIN, Mme LASCARD, LAURENT.

Mme LASCARD, *se retournant.*

Vous étiez là, mon bon monsieur Laurent... Ah! si vous vouliez!...

TAPHIN

Et comme entre braves gens on s'entend toujours...

LAURENT, *à part.*

Laissons-les s'enferrer... (*Haut.*) Je ne demande pas mieux que de vous être agréable.

Mme LASCARD

...riez nous favoriser, nous aider tous les deux
...ts.

TAPHIN

...rmettrait alors d'envoyer promener nos

...elle *la revente*. Elle a lieu ordinairement
...lle des commissaires-priseurs ou dans un
...t faite une vente à l'encan.

LAURENT

Et pour vous aider, il faudrait ?...

Mme LASCARD

Que nos confrères ignorassent le jour et l'heure fixés pour la vente des mobiliers... de quelque importance.

LAURENT

Mais ils le sauraient par les affiches que l'on appose dans la cour.

TAPHIN

Les affiches !... On peut les déchirer ou faire disparaître, par un petit accroc ou une tache, la date de la mise aux enchères.

LAURENT

Les ventes sont également annoncées dans les journaux.

TAPHIN

Lors même que nos confrères liraient les journaux, il vous serait encore facile, à la criée, de leur damer le pion.

LAURENT

Je ne vois pas...

Mme LASCARD

Est-il saint Thomas, ce bon monsieur Laurent !... Il ne voit pas !... Le moyen est bien simple... (*Elle prend le chapeau de Taphin.*)

TAPHIN

Je vais m'enrhumer !

Mme LASCARD

Vous enrhumer, avec tout ce que vous avez... sur la tête !...

TAPHIN, *riant.*

Il est vrai qu'elle est bien garnie... J'ai encore tous mes cheveux.

Mme LASCARD, *bas à Laurent.*

Il rit ce grand jobard!... (*Haut.*) Je mets ce chapeau aux enchères, en disant : « Messieurs, voici un chapeau, (*Appuyant.*) Il est un peu culotté!... » (*) Il faut toujours débiner ce qu'on veut acheter... Je dis donc (*même jeu*) qu'il est culotté... « A vingt sous le chapeau!... »

TAPHIN, *vivement.*

Vingt-et-un sous.

Mme LASCARD

Et je me hâte de dire : « A vingt-et-un sous, une fois, deux fois, adjugé à monsieur Taphin. » (*Elle rend le chapeau.*) Tout dépendrait de votre promptitude à accepter notre offre, à nous, afin que nos confrères n'eussent pas le temps d'enchérir.

LAURENT

L'idée me paraît ingénieuse... Je la creuserai.

TAPHIN

Prenez tout votre temps... Vous savez qu'entre braves gens, on s'entend toujours.

LAURENT, *avec intention.*

Je connais votre loyauté.

(*) On lit contre une échoppe, dans la cour de la salle des ventes :
AVIS
« Le public est prévenu de se tenir en garde contre certaines person-
« nes qui, dans un but intéressé, cherchent à déprécier les meubles
« exposés dans l'hôtel des ventes. »
Office de publicité. — Devoux, Augustin, fils, rue Paradis, 22.

SCÈNE VI.

LES MÊMES, MARIUS, les cinq associés, *rentrant par la droite,* LÉONARD, *il entre par le fond en portant une glace.*

LÉONARD

Ousqu'est le patron de cette boîte de malheur?

MARIUS

Tiens (*l'aidant à se décharger*), c'est toi, Léonard?

LÉONARD

Mais oui, ma vieille.

MARIUS, *plaçant la glace contre la barrière de gauche.*

Qui t'amène ici?

LÉONARD

La débine... J'ai perdu cent francs cette nuit.

MARIUS

Ah! gros bêta, tu es joueur!...

LÉONARD

Et il faut que je paie... J'ai mis ce matin ma montre et ma giletière au clou... J'en ai retiré septante francs... Il me manque encore trente francs.

MARIUS

Pour t'acquitter entièrement... C'est pour cela que tu vas bazarder la glace.

LÉONARD

Comme tu le dis.

MARIUS

Tu ferais mieux de la remporter.

LÉONARD

Les dettes de jeu sont des dettes d'honneur que l'on doit payer de suite.

MARIUS, *riant.*

Avant même le boulanger, le tailleur ou le cordonnier qui nous ont fourni leur travail et leur marchandise.

LÉONARD

Il faut dire que j'ai un guignon de tous les diables.

MARIUS

Méfie-toi des joueurs qui gagnent toujours.

LÉONARD

Ils ont la veine pour eux.

MARIUS

Dis plutôt qu'ils ont l'adresse, la ruse... Ils ont ce que tu n'as pas.

LÉONARD

Alors tu croirais?...

MARIUS

Que tu es leur dupe... Léonard, marie-toi!... C'est parce que tu vis seul que, le soir, pour tuer le temps, tu vas t'enfermer dans un cercle et y perdre ton argent.

LÉONARD

J'allais me marier avec une cigarière... La chambre était prête (*riant*) et moi aussi, quand ma future me planta là pour épouser un merlan.

MARIUS, *surpris.*

Un poisson?

LÉONARD

Un garçon coiffeur... Si j'ai joué, ça n'a été que pour oublier cette ingrate.

MARIUS

Tu la remplaceras facilement par une femme digne de toi... Tu es bon ouvrier charpentier, tu es honnête, laborieux... Léonard, suis mes conseils et remporte la glace.

LÉONARD

Ce meuble-là, c'est bon pour les femmes... J'ai pas besoin de me bichonner, moi. Allons, Marius, rends-moi ce service... Je veux payer ce que je dois.

MARIUS

Tu vas être obéi... (*Il va parler à Laurent.*)

TAPHIN, *bas à Mme Lascard et aux associés qui regardent la glace.*

Tâchons sur cette vente d'avoir quelque chose à grignoter.

Mme LASCARD, *bas à ses associés.*

Je la prendrai pour soixante-et-dix francs.

TAPHIN, *même jeu.*

Il ne faut pas qu'elle dépasse le prix de quarante francs, et nous aurons alors trente *balles* à nous partager.

LAURENT, *il monte sur la table, puis à haute voix.*

Une glace toute neuve !

Mme LASCARD, *riant.*

Oh! oh! toute neuve !...

LÉONARD

Dites donc, mame la rigolote, je suis bien sûr que, lorsque vous vous êtes mariée, vous n'étiez pas aussi neuve que cette glace qui m'a coûté cent vingt francs, il y a à peine un mois. (*Mme Lascard hausse les épaules.*)

LAURENT

A quatre-vingts francs la glace!... (*Silence.*) A cinquante francs!... (*Silence.*) A trente francs!...

TAPHIN

Deux francs.

LAURENT

A trente-deux francs la glace!...

UN ASSOCIÉ

Trois francs. (*Mme Lascard, Taphin et leurs associés parlent bas entre eux.*)

LAURENT

A trente-cinq francs!

LÉONARD, *aux associés.*

Eh! là-bas! qu'est-ce que vous avez donc à chuchoter contre mon meuble?... Auriez-vous le toupet de n'en donner que trente-cinq francs?...

LAURENT

Silence!... A trente-cinq francs!...

Mme LASCARD

Quarante sous.

LAURENT

Trente-sept francs!... A trente-sept francs!... (*Silence.*) Une fois, deux fois à trente-sept francs, adjugé à madame Lascard!... (*Il descend de la table.*)

LÉONARD

Trente-sept francs, ce qui m'a coûté cent vingt francs Oh! coquin de sort, ça c'est pas travailler!...

MARIUS, *bas à Léonard.*

Voilà où conduit le jeu.

LÉONARD, *aux associés.*

C'est égal, vous êtes là quelques-uns qui devez joliment mettre du beurre dans vos épinards... Je vous dis ça pour ne pas vous dire autre chose.

SCÈNE VII.

LES MÊMES, UNE OUVRIÈRE.

L'OUVRIÈRE, *elle va à Laurent.*

Pourriez-vous me dire quel a été le produit de la vente des hardes que je vous remis hier?

LAURENT

Tous frais prélevés, vous aurez à toucher dix-huit francs et quelques sous.

L'OUVRIÈRE

Que cela?... Et il m'en faut vingt-deux pour payer le mois de nourrice de mon enfant!

Mme LASCARD, *bas à Taphin.*

C'est une belle créature!... On pourrait la caser avantageusement... (*Haut.*) Il vous manque donc quatre francs.

L'OUVRIÈRE

La nourrice m'a écrit que, si elle ne recevait pas demain ce que je lui dois, elle porterait mon enfant à l'hospice... Et je n'ai plus rien à vendre!

Mme LASCARD

Moi, à votre place (*bas*), je laisserai faire la nourrice.

L'OUVRIÈRE

Oh! jamais, jamais!

Mme LASCARD, *bas.*

Débarrassée du mioche, il vous serait plus facile de trouver quelqu'un qui...

L'OUVRIÈRE

Assez, madame,... j'ai compris... Oh! si mon mari vivait!...

LÉONARD

Vous êtes veuve?...

L'OUVRIÈRE

Depuis sept mois... Il était marin et a péri dans un naufrage... C'est peu de temps après sa mort que mon enfant vint au monde. Les dépenses que me causa sa naissance et la perte de mon travail pendant plusieurs mois m'ont plongée dans le plus complet dénûment... Il me manque quatre francs... Ah! j'ai mon châle!... (*Elle le dépingle vivement et le donne à Laurent.*) Vendez-le vite, vite!

Mme LASCARD, *elle le regarde en le maniant.*

Je le prends pour cinq francs. (*A part.*) Il en vaut bien quinze.

LÉONARD, *il prend le châle et le rend à l'ouvrière.*

Gardez votre châle... Bientôt il fera froid, et vous devez vous conserver pour votre enfant... (*Il lui donne de l'argent.*) Veuillez accepter cela, madame.

L'OUVRIÈRE, *surprise.*

Cinq francs!... sans me connaître!... Voici (*la lui*

donnant) la lettre de la nourrice... Elle porte mon nom et ma demeure... Bientôt je vous rendrai ce que vous m'avez si obligeamment prêté. Mes peines vont finir... Le travail revient... J'ai la santé... Dorénavant les mois de la nourrice seront régulièrement payés (*regardant M*^{me} *Lascard*), et je ne craindrai plus qu'elle porte mon enfant à l'hospice.

LÉONARD, *à Marius.*

Cette femme-là sera une bonne épouse... (*Il met la lettre dans sa poche.*)

MARIUS, *bas.*

Elle ferait bien ton affaire.

LÉONARD, *bas.*

J'y ai pensé... J'aime les enfants... Elle a déjà un gosse (*riant*). Eh! eh! ce sera pour moi de la besogne toute faite.

LAURENT

Marius, conduisez madame et votre ami à la caisse pour qu'on les paie.

LÉONARD, *à l'ouvrière.*

Madame, je regarde comme un bonheur d'avoir fait votre connaissance : il faut espérer...

MARIUS, *riant.*

Qu'elle se terminera par un mariage... (*Ils sortent par la droite.*)

Mme LASCARD, *bas à ses associés.*

J'ai offert soixante-et-dix francs de la glace... Elle ne s'est vendue que trente-sept francs... J'aurai donc trente-trois francs à partager.

1

TAPHIN, *bas.*

Nous sommes six, cela nous fera cinq francs soixante-et-quinze pour chacun de nous... (*Il se frotte les mains en riant.*) Et la journée n'est pas finie.

(*Les associés sortent par la porte du fond.*)

SCÈNE VIII.

LOUISE, *elle entre craintivement en regardant à droite et à gauche;* Mme LASCARD, TAPHIN, LAURENT.

Mme LASCARD, *se tournant.*

Voilà une fillette (*bas à Laurent et à Taphin*) qui aura trouvé un entreteneur à vingt francs par semaine... C'est comme cela qu'elles débutent presque toutes; puis elles en arrivent à ruiner leurs amants.

TAPHIN, *bas.*

Elle vient sans doute pour monter son petit ménage.

Mme LASCARD, *bas.*

Essayons de lui vendre quelque chose... (*A Taphin.*) Elle est jolie... On peut lui faire crédit... (*Haut.*) Si mademoiselle veut acheter des meubles,... lors même qu'elle ne me paierait pas entièrement, j'attendrais pour le reste... J'aime tant à protéger, à soutenir la jeunesse.

LAURENT, *à part, en la regardant.*

Horrible femme !

Mme LASCARD

Je vous vendrai également des bijoux.

LOUISE

Votre confiance est très flatteuse pour moi; mais je ne

suis venue ici que pour me renseigner sur une vente que l'on y doit faire.

Mme LASCARD

Adressez-vous alors à monsieur. (*Indiquant Laurent.*)

LAURENT, *s'inclinant.*

Mademoiselle, je vous écoute.

LOUISE

Dans un mobilier que l'on mettra aujourd'hui aux enchères, il est un objet auquel j'attache un grand prix et que je voudrais acquérir.

LAURENT, *bas.*

Méfiez-vous de cette femme et attendez qu'elle soit partie... (*Haut.*) Nous ouvrirons la séance par une vente de tableaux. (*Louise s'assied.*)

Mme LASCARD

Les croûtes ne sont pas de notre compétence.

TAPHIN

Filons; nous reviendrons plus tard (*ils vont pour sortir; bas à Laurent*), et vous savez qu'entre braves gens...

SCÈNE IX.

LES MÊMES, JULES, ÉDOUARD, HENRI.

JULES, *à Taphin.*

Nous présentons nos compliments au plus... fortuné des époux !

TAPHIN, *bas à Mme Lascard.*

Je suis vexé que ces jeunes gens m'aient rencontré ici.

HENRI

Bonjour, monsieur Taphin, comment va votre femme?

JULES

Madame Taphin se porte-t-elle bien?

TAPHIN

A merveille, messieurs... (*Bas à M*^{me} *Lascard.*) Ils s'informent constamment de sa santé et jamais de la mienne.

ÉDOUARD

Madame Lascard fait toujours de bonnes affaires dans le courtage de la brocante?

Mme LASCARD, *avec hauteur.*

Courtière brocanteuse, moi?... Sachez, messieurs, que je suis commerçante (*appuyant*) patentée.

ÉDOUARD

Il y a tant de patentes!

JULES

Il y a même les patentes brutes et les patentes nettes.

HENRI

J'aime à croire que celle de madame Lascard ne laisse rien à désirer.

Mme LASCARD

Oui, rien à désirer... Tandis que vos belles dames...

HENRI, *bas.*

Respectez la mienne ;... car c'est avec votre garantie que vous me l'avez colloquée ainsi que son mobilier.

JULES, *à Taphin, en lui tapant sur le ventre.*

C'est donc dans la salle des ventes que nous venons faire nos achats?

TAPHIN

Moi, jamais!... Je ne fais que le neuf...

JULES

Il est vrai que je ne comprends pas que l'on puisse faire du vieux.

ÉDOUARD

Mais alors pourquoi êtes-vous ici?

TAPHIN, *embarrassé*.

Simplement,... comme vous,... en curieux...

JULES

Farceur, nous connaissons votre truc!... Il consiste à vous procurer dans les encans et à vil prix des meubles que vous repapillotez et que vous revendez ensuite comme provenant d'une occasion exceptionnelle.

TAPHIN

Souvent ces meubles-là valent mieux que les neufs... Ils ne jouent plus.

Mme LASCARD

Vous savez que c'est dans les vieilles marmites que l'on fait les meilleures soupes.

HENRI, *riant*.

Vous êtes orfèvre, madame Josse?

Mme LASCARD

Qu'est-ce que c'est ça, madame Josse?... Je m'appelle madame Lascard, et je n'entends pas que vous me donniez des noms de cocottes. (*A Taphin.*) Allons-nous-en.

JULES

Veuillez présenter nos amitiés à votre femme.

HENRI

N'oubliez pas de nous rappeler à son souvenir.

TAPHIN, *impatienté.*

Je n'y manquerai pas... (*Bas.*) Que je suis contrarié que ces jeunes gens m'aient vu ici !

Mme LASCARD, *sortant.*

Sont-ils mal éduqués !... Ils ne m'ont pas adressé un mot de gentillesse... Leurs pères étaient plus aimables.

SCÈNE X.

DAVID, MARIUS, JULES, HENRI, ÉDOUARD, LAURENT, LOUISE, *assise.*

DAVID, *entrant par la droite, suivi de Marius.*

Vous pouvez, messieurs les amateurs, garnir votre porte-monnaie... Nous allons vendre des œuvres d'art que je vous engage à ne pas vous laisser souffler. (*Il va parler à Laurent qui causait dans le fond de la salle avec Édouard.*)

ÉDOUARD, *il voit Louise en descendant, et bas à Henri et à Jules.*

La jolie personne, comme elle a l'air naïf !...

HENRI

Que peut-elle venir faire ici ?

JULES

Sans doute acheter un ameublement en noyer que plus tard elle remplacera par du palissandre...

ÉDOUARD

Acheter !... Qui sait si ce n'est pas plutôt pour vendre

une partie de son mobilier... (*A part, en la regardant.*) Il me semble avoir déjà vu cette jeune fille. (*Il paraît préoccupé.*)

DAVID

Ainsi, Laurent, c'est entendu.

LAURENT

Tout sera prêt à votre retour. ((*Il va parler à Marius; celui-ci apporte alors des tableaux, des livres, etc., qu'il place sur la table.*)

DAVID

Je vais dans la cour fumer une pipe.

HENRI

En attendant que vous prisiez les objets que vous allez mettre aux enchères.

DAVID

Des calembours! Ah! si nous nous amusons à ce jeu-là, je pourrais bien gagner la partie.

HENRI

Allons la jouer au café voisin... Nous prendrons un vermouth.

DAVID

Et moi un *perroquet*... dans les verts tendres.

HENRI

Moi, quand j'en bois, c'est dans les verts... d'eau.

DAVID, *riant.*

Il est bon!... Messieurs, je vous suis.

JULES, *bas à Henri.*

Je désire rester pour causer avec cette belle petite.

HENRI

Nous la retrouverons, puisque la vente n'a lieu que dans une demi-heure.

ÉDOUARD, *à part.*

J'y suis, c'est chez madame la baronne... (*Bas, en la saluant.*) Mademoiselle, je crois avoir eu le plaisir de vous entendre et de vous applaudir chez madame la baronne de Merteuil.

LOUISE, *soupirant.*

Il y a quelques mois de cela.

ÉDOUARD, *bas.*

Votre talent comme musicienne, votre distinction, votre beauté, firent sur moi une impression si vive que, depuis lors, ces soirées, sans votre présence, n'ont plus eu d'attrait pour moi.

LOUISE, *embarrassée, après s'être inclinée pour le remercier.*

Des circonstances,... des événements...

HENRI, *prenant vivement Édouard sous son bras.*

Toi aussi, tu en tiens... Allons, viens donc!... (*Ils sortent par le fond.*)

LOUISE, *à part.*

Il est bien ce jeune homme.

SCÈNE XI.

LOUISE, LAURENT.

LAURENT

Si je vous ai priée d'attendre, c'est afin que l'on ne vous fasse pas surpayer l'objet que vous voulez acheter.

LOUISE, *se levant.*

Il y aurait des personnes assez méchantes pour cela?

LAURENT

Vous ne pouvez deviner ce que valent plusieurs habitués de ce capharnaüm!...

LOUISE

Je ne vous cacherai pas que le langage des deux marchands que j'ai trouvés ici, m'a paru étrange.

LAURENT

Leurs paroles ne sont rien auprès de leurs actes. Ces gens-là personnifient la plus horrible spéculation : la ruse contre la bonne foi, l'exploitation du malheureux qui apporte ici jusqu'à ses derniers haillons...

LOUISE

Et la justice n'intervient pas?

LAURENT

Ils sauraient lui échapper. Ces êtres-là prennent leurs précautions et forment une association que nous appelons *la bande noire.*

LOUISE

Et vous pouvez vivre au milieu de ce vilain monde.

LAURENT

Hélas, oui!... Comme le mineur vit à mille pieds sous terre, comme le fossoyeur au milieu des morts, comme le casseur de pierres sur les grands chemins et tant d'autres infortunés à qui le sort n'a pas donné le temps d'apprendre ou de choisir un meilleur métier.

LOUISE

Vous devez parfois souffrir de ce contact?

LAURENT

Au début, cela m'a été pénible, mais peu à peu, je m'y suis habitué.

LOUISE

Vraiment!

LAURENT

Je vous dirai même que je suis souvent content de ma situation, parce qu'elle me permet d'être utile aux honnêtes gens.

LOUISE

Je puis alors compter sur vos bons offices... Vous avez reçu un mobilier qui a appartenu à madame Gérard.

LAURENT

Il nous a été remis comme provenant de la succession (*appuyant*) de mademoiselle Eugénie Gérard.

LOUISE, *soupirant et à part.*

On appelle ma mère mademoiselle Eugénie!

LAURENT

Il est déposé là, à droite, dans la case numéro trente-trois, et nous avons fait placer ici le piano. (*Indiquant le piano.*)

LOUISE, *le regardant.*

Mon vieil ami, tu ne t'ouvriras plus pour moi!

LAURENT

Vous êtes musicienne?

LOUISE

J'ai eu quelques succès dans des concerts donnés pour des œuvres de charité... Madame Gérard était mère et elle ne reconnut pas sa fille, afin de tout lui laisser par testament. C'est la loi.

LAURENT

Loi barbare... L'omission de cette formalité prive les enfants naturels de l'héritage de leurs mères.

LOUISE

C'est ce qui est arrivé à la fille de madame Gérard.

LAURENT

Qui a recueilli sa succession?

LOUISE

Les sœurs de la défunte.

LAURENT

Elles ont dû prendre soin de sa fille?

LOUISE

Elles avaient promis à ma mère de me garder avec elles, de m'établir...

LAURENT

Madame Gérard était donc votre...

LOUISE, *l'interrompant.*

Pardon!... Je me suis trompée... C'était la mère de l'une de mes amies.

LAURENT

Vous n'avez pas confiance en moi.

LOUISE, *baissant les yeux.*

Madame Gérard était ma mère.

LAURENT, *à part.*

Je m'en doutais... (*Haut.*) Vos tantes ont-elles tenu leur engagement?

LOUISE

Non, monsieur... Elles se sont emparées des actions,

des obligations, des bijoux et elles ont fait apporter ici les meubles dont elles n'ont aucun besoin.

LAURENT

On vous tiendra compte de tout cela à votre majorité.

LOUISE

Je n'ai plus à cet égard d'illusions à me faire ; car elles m'ont déclaré que, d'après la loi, je ne suis qu'une étrangère pour elles, et que je n'ai aucun droit à la succession de leur sœur.

LAURENT

Vos tantes oublient que la recherche de la maternité est admise, et que vous pourriez...

LOUISE

On me l'a dit... Mais il faudrait, pour faire constater ma filiation, étaler publiquement le souvenir de ma mère. J'aime mieux renoncer à son héritage que de l'obtenir par de tels moyens.

LAURENT

Et vous avez raison... Vous vivez seule?

LOUISE

Mes tantes n'ont point voulu me recueillir, parce que je serais une honte pour elles.

LAURENT

Cependant elles bénéficient de ce qu'elles appellent la honte.

LOUISE

Elles m'ont même défendu de porter le deuil de ma mère et de dire que je suis leur nièce... Je les appelle mesdemoiselles...

LAURENT

Ah! elles sont demoiselles, elles aussi...

LOUISE

Elles m'ont mise en apprentissage chez une tailleuse qui me loge et me nourrit.

LAURENT

Vous gagnez?

LOUISE

Cinquante sous par semaine, ce qui suffit à peine à mon entretien.

LAURENT

Dix francs par mois!... (A part.) Et l'on est surpris que tant de jeunes filles succombent!...

LOUISE

Après deux mois de travail, je suis parvenue, en me privant des choses les plus nécessaires, à économiser quinze francs.

LAURENT

Pourquoi, pianiste, ne pas exercer votre profession?

LOUISE

Il me faudrait un piano et pouvoir attendre qu'il me vint des élèves. Vous l'avez dit tantôt : il y a des métiers que l'on prend parce que la misère y force... Le sort ne veut pas que je sois professeur de musique... Eh bien! je serai couturière... J'irai travailler à la journée.

LAURENT

Votre courage me plaît. Il vient raffermir ma résignation; car moi aussi on m'a ruiné.

LOUISE

Et comment cela ?

LAURENT

Je possédais une maison que mon père avait fait construire, où il s'était marié et où je suis né.

LOUISE

Vous deviez tenir à cette maison.

LAURENT

Un agent de change, un de mes amis, me dit un jour : « Laurent, ta maison vaut cinquante mille francs... Tu devrais t'en défaire pour acheter des valeurs qui doubleraient tes revenus. » Enfin, il me présenta l'opération sous un aspect si avantageux, que je finis par me laisser convaincre. L'agent de change (*appuyant*), mon ami, m'acheta pour cinquante mille francs de valeurs turques. La première année, je touchai cinq mille francs d'intérêts... Ce fut splendide!... J'étais comme un vrai coq en pâte, n'ayant plus qu'une pensée, une passion, celle de cultiver la peinture.

LOUISE

Ah! vous faites des tableaux !

LAURENT

Comme amateur. Mon bonheur fut de courte durée... L'année suivante, la Turquie suspendit ses paiements... Je cherchai alors à me procurer une place, et ce ne fut qu'après dix-huit mois de sollicitations, de démarches que je parvins à obtenir l'emploi que j'occupe. O mon père! vous m'aviez dit : « Garde soigneusement ce que j'ai gagné par mon travail et mon économie... » Et cette maison, je l'ai vendue!... Aussi, quand je passe devant la Bourse, il n'est sorte de malédictions dont je ne charge tous ceux qui font métier d'y exploiter la crédulité !

LOUISE

Vous êtes moins à plaindre que moi... L'homme peut lutter, combattre... Il a l'intelligence, la force... Toutes les carrières lui sont ouvertes; tandis que la société n'accorde à la femme qui veut gagner honnêtement son pain, que deux professions : ouvrière ou servante... Nous voilà loin du sujet qui m'amène.

LAURENT

En effet.

LOUISE

Dans le mobilier de ma mère se trouve un portrait dont je ne voudrais pas me séparer.

LAURENT

Un portrait de famille se vend toujours à vil prix.

LOUISE

Mes tantes me l'ont refusé, prétextant que je ne dois rien conserver de ce qui peut rappeler la faute de leur sœur.

LAURENT

Vous trouverez ce portrait dans la case (*l'indiquant*) numéro trente-trois. (*Elle entre vivement à droite.*) Je suis moins à plaindre que cette jeune fille, et pourtant elle subit sa destinée avec plus de courage que moi.

LOUISE, *apportant un tableautin.*

Le voici... Croyez-vous qu'on le vende cher ?

LAURENT

Une quarantaine de sous.

LOUISE, *joyeuse.*

Il me restera donc treize francs.

LAURENT

Puisque vous en avez quinze.

LOUISE

Avec ces treize francs, je ferai faire une croix, malgré la volonté de mes tantes, qui sont bien aises que l'on ignore où repose ma mère.

LAURENT, *ému.*

C'est bien ce que vous faites là, mon enfant!... (*Surpris, en regardant le portrait.*) Eh! c'est le portrait de ce bon monsieur Lantelme, mort il y a près de six ans!

LOUISE

Lui-même.

LAURENT

C'était un de vos parents?

LOUISE, *embarrassée.*

Oui.

LAURENT

Votre père?

LOUISE, *baissant les yeux.*

S'il eût vécu, il aurait épousé maman, et j'aurais un nom.

LAURENT

Mon père avait été son maître portefaix. Monsieur Lantelme devint veuf seulement quelques mois après la naissance de son fils qui doit avoir vingt-trois ans aujourd'hui... Vous en avez?

LOUISE

Dix-huit.

LAURENT

Je ne connais pas ce jeune homme... Tout ce que je sais, c'est que son père lui a laissé une grande fortune.

LOUISE

Lui, du moins, peut porter le nom de notre père.

LAURENT

Il était facile à monsieur Lantelme de vous légitimer, en épousant madame votre mère, et je ne m'explique pas les motifs qui l'ont empêché de remplir son devoir.

LOUISE

Il n'y a pas de sa faute... Son mariage avec ma mère avait été décidé... Le jour du contrat était fixé... quand il fut frappé d'une attaque d'apoplexie qui l'emporta... Mais j'aurai son portrait... Je pourrai le voir.

LAURENT, *il va cacher le portrait près de la table.*

Je vais profiter de la première vente pour le mettre aux enchères. (*Louise s'assied.*)

SCÈNE XII.

LES MÊMES, UNE DAME.

LA DAME

Monsieur est un des employés de la salle des commissaires-priseurs?

LAURENT

Oui, madame.

LA DAME

On doit vendre un piano qui a appartenu à une certaine demoiselle Eugénie Gérard.

LOUISE, *à part.*

Une certaine demoiselle...

LAURENT, *montrant le piano.*

Le voilà... Nous le vendrons dans un instant.

LA DAME

Ces sortes de femmes ont généralement des meubles de prix. Cela n'est pas étonnant... Ils ne leur coûtent rien... Les hommes sont si bêtes!

LOUISE, *elle se lève, et à part.*

O ma mère, donne-moi la force de supporter cet outrage!...

LAURENT

Vous la connaissiez?

LA DAME

Je ne fréquente pas ces femmes-là... Que penser d'une... demoiselle qui avait un mobilier si somptueux? D'après le journal, les meubles de la chambre étaient en palissandre, ceux de la salle à manger en chêne sculpté. Un piano d'Érard, de beaux vases de Chine, des pendules en vrai bronze, des... Que sais-je, moi!... Vous voyez bien que cette (*appuyant*) demoiselle n'était qu'une lorette huppée!

LOUISE, *à part, en tombant assise sur la chaise.*

Quelle humiliation!

LAURENT

Laissons-là vos commentaires, et dites-moi ce que vous désirez?

LA DAME

Ma fille est élève du Conservatoire. Un journaliste qui s'intéresse à elle, voudrait lui offrir un piano.

LAURENT, *riant.*

Un journaliste aussi généreux!... (*A part.*) Ce ne peut être qu'un journaliste amateur...

LA DAME

Le professeur de ma fille est malade... N'y aurait-il personne ici capable de le remplacer pour essayer ce piano?

LAURENT, *l'ouvrant.*

Mademoiselle pourrait vous rendre ce service.

LA DAME, *à Louise.*

Mademoiselle serait-elle assez complaisante pour cela?

LOUISE, *bas à Laurent.*

Mon piano deviendrait la propriété d'une femme qui a insulté ma mère!...

LAURENT, *bas.*

Il faut savoir rendre le bien pour le mal. (*A part.*) Ah! tu veux le piano!... Je te le ferai saler!...

LOUISE, *elle se met au piano et bas.*

Je vous obéis. (*Elle prélude, par quelques accords, à l'air :* « Quand de la nuit l'épais nuage » — *de l'Éclair — qu'elle continue de jouer.*)

LAURENT, *à part.*

Ironie du sort!... C'est la victime de la spoliation qui fait valoir l'objet dont on l'a frustrée!

SCÈNE XIII.

LES MÊMES, DAVID, JULES, ÉDOUARD, HENRI.

DAVID, *entrant.*

Silence, messieurs, et écoutons!

tous *restent immobiles et surpris en entendant l'air de
l'Éclair, qu'ils applaudissent à la fin.*

Bravo! bravo! (*Ils descendent la scène.*)

DAVID

Jamais je n'ai entendu exécuter ce morceau avec un pareil sentiment... J'en suis ému.

LA DAME, *à part, en s'asseyant.*

Je crois que je ferai une bonne acquisition.

LAURENT, *allant à Louise qui, après s'être levée, est
retombée sur la chaise.*

Qu'avez-vous, mon enfant?

LOUISE

Ce n'est rien... (*Elle pleure.*)

ÉDOUARD, *accourant.*

Mademoiselle, vous souffrez... Voulez-vous que j'aille chercher une voiture pour vous ramener chez vous?

LOUISE, *se relevant avec peine.*

Je vous remercie... Je vais mieux.

ÉDOUARD, *bas à Laurent.*

Il y a là quelque chose d'étrange.

LAURENT, *bas.*

Ce piano a réveillé en elle de pénibles souvenirs. Il lui appartenait... On va le vendre.

ÉDOUARD, *bas.*

Elle n'a pas les moyens de le racheter?

LAURENT, *bas.*

En perdant sa mère, cette jeune fille a tout perdu..

Il ne lui reste que son honnêteté, un cœur d'or, une bonne éducation.

ÉDOUARD, *à part.*

Elle regrette son piano! (*Il réfléchit, en regardant Louise qui entre à droite.*)

JULES, *allant à Édouard.*

Il paraît que toi aussi tu as une toquade pour la petite. N'oublie pas, mon bon, que je suis le premier en date.

ÉDOUARD

Oh! tu la respecteras celle-là, à moins que le malheur et la vertu ne soient rien pour toi!

HENRI, *riant.*

La vertu!... On nous apprend à ne plus y croire.

DAVID, *avec hauteur.*

Je ne sais dans quel monde vous vivez, monsieur; mais je suppose que ce n'est point dans vos familles que vous avez (*appuyant*) appris à ne plus croire à la vertu.

ÉDOUARD

J'approuve monsieur David; car, d'après votre langage, on serait porté à se demander si ce ne sont pas les mauvais exemples de vos parents qui ont ainsi perverti votre cœur!

LAURENT, *prenant la main d'Édouard.*

Très bien!

HENRI

Du reste, est-ce bien ici, où tout révèle la misère, la ruine et la mort, que l'on devrait penser à la galanterie?

DAVID

Mariez-vous, mauvais citoyens, afin de renoncer à votre vie de grand-turc! Voyez où ça l'a conduit. Il ne peut plus payer ses créanciers... Au lieu de faire les Dons Juans, livrez-vous au bric-à-brac. Collectionnez des bibelots, des vieilles faïences, des tableaux... Je vous en fournirai tant que vous voudrez. Ce ne sera que lorsque vous serez épris des beautés de l'art que vous aimerez sérieusement la femme, non par caprice, mais pour en faire votre épouse devant Dieu et devant les hommes!

HENRI

O fils d'Israël, vos paroles sont pleines de sagesse!... (*En se promenant, il entre à droite.*)

JULES

Et de bénéfices pour... nous!... En vous écoutant, j'ai cru entendre la voix de Moïse!

DAVID, *s'inclinant.*

Votre illusion me fait le plus grand honneur. (*Il regarde à sa montre.*) Laurent, allez prévenir le trompette. C'est l'heure de commencer la vente.

(*Laurent sort par la porte du fond.*)

LA DAME, *se levant.*

Enfin, il vaut mieux tard que jamais.

ÉDOUARD, *à Louise, qui rentre.*

Mademoiselle, êtes-vous remise de votre indisposition?

LOUISE

Je vous suis fort obligée de l'intérêt que vous me témoignez... (*baissant les yeux.*) Vous êtes trop bon pour moi.

JULES, *à part, en regardant Édouard.*

Ah! tu cherches à me couper l'herbe sous les pieds!... Nous allons voir qui réussira de nous deux... (*Haut.*) Mademoiselle est sans doute ici pour faire des emplettes?

LOUISE

Pour un souvenir que je tiens à conserver.

(*Laurent rentre et vient se placer près de Louise.*)

JULES

S'il y avait quelque autre objet qui pût vous être agréable, vous n'auriez qu'à me le désigner et je m'empresserais...

LAURENT, *l'interrompant.*

Inutile, mademoiselle n'a besoin de rien... Monsieur David, le trompette va venir.

HENRI, *il rentre, en se grattant les bras et les jambes.*

Sac à papier! est-ce que vous auriez à la tête de votre administration des membres de la Société protectrice des animaux?

DAVID

Pourquoi?

HENRI

Parce que, pour peu que l'on reste ici, on se sent piqué par des insectes parasites. (*Même jeu.*)

JULES

Et on y respire des odeurs...

HENRI

Allons, messieurs les commissaires-priseurs, puisqu'on vous paie un droit de six pour cent sur les achats et que le vendeur, de son côté, vous donne le cinq pour cent, faites-nous au moins, sur le onze pour cent que vous prélevez, l'aumône d'un désinfectant pour assainir votre salle des ventes!... Le chlorure de chaux n'est pas si cher!

DAVID

Vous êtes bien délicats, mes beaux messieurs!

ÉDOUARD

Ce que vient de dire mon ami est un nouvel argument pour prouver que ce local ne répond point à sa destination.

DAVID

Que lui manque-t-il donc?

ÉDOUARD

L'air, la lumière, l'espace.

HENRI

Rien que cela, cher monsieur David.

ÉDOUARD

Quand on entre, on croirait pénétrer dans un souterrain. Le peu d'air que l'on y respire est infecté par les émanations et les miasmes d'objets, souvent dernières ressources de la misère ou qui proviennent d'un décès récent... Et on est surpris de l'extension que prennent bien des maladies! (*)

(*) Quelques années après avoir écrit cette comédie, je lus dans un journal que, le 25 novembre 1882, il avait été vendu 4,000 kilos de chiffons dans le local de MM. les commissaires-priseurs. On sait que les chiffons, quelle que soit leur provenance, sont en grande partie ramassés sur la voie publique.
Voici qui est plus récent :

DAVID

Vous voudriez peut-être un palais comme celui de Longchamp?

ÉDOUARD

Non, je voudrais que tous ces meubles, hardes, linges, literies fussent exposés au grand air, au lieu de les voir entassés pêle-mêle dans ce long corridor où le soleil ne se montre presque jamais... Si on a voulu un local qui coïncidât avec les sourdes manœuvres de certains spéculateurs qui le fréquentent, on ne pouvait mieux choisir : la scène est digne des drames cachés qui s'y jouent.

LAURENT

Parlez plus bas, de crainte que la bande noire ne vous entende.

ÉDOUARD

Je méprise ces gens-là et je dis tout haut ce que chacun en dit tout bas. Que de fois, en parcourant cette salle, j'ai envié la fortune d'un Rothschild pour soulager les misères que j'y ai rencontrées! Là (*à droite*), dans une de ces cases, sont les meubles vermoulus d'un vieillard qui n'a pu payer son loyer... Les hommes de loi ont saisi et n'ont laissé à ce malheureux qu'un grabat où il mourra de froid et de faim. Un peu plus loin, vous voyez l'actif bien minime d'un modeste commerçant que sa trop

Dans la séance du Conseil municipal (5 mars 1886), M. Blanc-Aillaud signale à M. le Maire que l'on vend journellement, chez les commissaires-priseurs, des hardes et des meubles de varioleux. « C'est, ajoute-t-il, faire courir à la santé publique un véritable danger que de tolérer ces ventes. » La petite vérole faisait alors de nombreuses victimes dans notre ville.

grande confiance a ruiné. Tout son avoir est là. Eh bien ! on cherchera, en l'acquérant, à diminuer le gage que cet honnête homme a laissé à ses créanciers. (*Indiquant la barrière de gauche.*) Le paquet de hardes que vous apercevez sur cette table a été apporté ce matin par un ouvrier sans travail... Dans quelques jours, il vendra jusqu'à ses outils pour donner du pain à ses enfants... Tout-à-l'heure, on a déposé dans la cour le mobilier d'une mère de famille... Les jeunes orphelins manquent du nécessaire. La bande noire est là, guettant, furetant, complotant... Elle flaire un coup... quelque argent à gagner... Elle achètera à vil prix, et les pauvres orphelins seront volés ! (*On entend la trompette dans le fond. Hommes et femmes entrent isolément ou par groupes.*)

LAURENT, *à Louise.*

Ce jeune homme m'a remué.

DAVID, *à Édouard, en lui serrant la main.*

Si jamais vous voulez être député ou seulement conseiller municipal, vous pouvez compter sur ma voix. (*Il monte sur la table que tout le monde entoure aussitôt.*)

SCÈNE XIV.

LES MÊMES, HOMMES, FEMMES, MARIUS, *sur le seuil de la porte du fond.*

DAVID

Messieurs, la séance est ouverte.

LAURENT

Il y a acheteur pour le piano.

DAVID

Nous commençons par un superbe piano d'Érard.

HENRI

Des rares et même des plus rares.

DAVID

Eh quoi! monsieur, c'est en un tel moment que vous vous permettez de pareilles calembredaines!... N'y revenez plus, sinon, je vous fais expulser de la salle par un agent... A propos d'agent, je ne le vois pas.

MARIUS, *sur le seuil de la porte.*

Il est dans la cour... Il cause avec une *porteiris* (*) à qui il pince le menton. (*On rit.*)

DAVID

Ne le dérangez pas... Cet agréable passe-temps n'est point incompatible avec la dignité de sa profession... Ce piano est dans un parfait état... Je l'offre à deux mille francs.

LA DAME, *surprise.*

Deux mille francs... Est-ce possible!...

ÉDOUARD, *à Laurent.*

Je veux l'acheter.

LAURENT, *bas.*

Ne vous pressez pas.

DAVID

Personne ne couvre l'enchère... Je vais alors le mettre à quinze cents francs.

(*) Porteuse.

LAURENT, *à Édouard qui allait enchérir.*

Attendez encore... (*A part.*) Ce piano vaut quinze à seize cents francs. Ma foi, tant pis pour les spoliateurs. Il faut que ce brave jeune homme l'obtienne à moitié prix.

DAVID

Comment, un piano qui a coûté deux mille cinq cents francs ne trouve pas preneur à quinze cents francs!... Faut-il encore descendre? Je vous l'offre à mille francs... A cinq cents francs...

LA DAME

Vingt-cinq francs.

ÉDOUARD

Cent francs.

DAVID

Six cent vingt-cinq francs.

LA DAME

Vingt-cinq francs.

DAVID

A six cent cinquante francs, le piano.

LAURENT, *bas à la dame.*

Je vous engage à renoncer à cette acquisition... Votre concurrent a l'intention de pousser jusqu'à deux mille francs.

DAVID

Allons, messieurs, un peu de courage,... six cent cinquante francs... c'est un prix dérisoire.

ÉDOUARD

Cinquante francs.

LA DAME, à *Laurent.*

Le journaliste ne voulait pas dépasser douze cents francs... (*Avec dépit.*) Je vous salue. (*Elle sort.*)

LAURENT, *la saluant.*

Madame... (*A part, en riant.*) Je viens de lui jouer un tour comme la bande noire en joue souvent aux naïfs acheteurs.

SCÈNE XV.

LES MÊMES, excepté LA DAME.

DAVID

A sept cents francs... Une fois, deux fois... Personne ne met au dessus... Adjugé à sept cents francs. Vous avez fait une bonne affaire, monsieur de Valdol !

LOUISE, *à part.*

J'avais peur que cette femme n'eût mon piano ; je suis bien aise que ce monsieur en soit l'acquéreur.

JULES

Que vas-tu faire de cet Érard, puisque tu as un Pleyel ?

ÉDOUARD

Mon bon, ça me fera deux pianos... (*Riant.*) Un pour chaque main. (*Il prend un livre, s'assoit et lit.*)

LAURENT, *donnant un tableau à David.*

Une *Danaé* (*).

DAVID

Ah ! (*la regardant*) voici de la belle et bonne peinture !

(*) La vente de ce tableau n'a aucune attache avec l'intrigue de ma pièce. Je l'ai intercalée, afin de montrer l'habitude des encanteurs, qui attribuent presque toujours à de bons peintres les croûtes mises aux enchères.

Cette *Danaé* est attribuée au Titien. (*Il montre le tableau.*) On y sent son souffle... Les chairs sont vivantes; on voit le sang circuler sous la peau... Il y a une jambe dont le modelé, la vigueur et le coloris revèlent la touche du chef de l'école vénitienne. Cette toile aurait valu cent mille francs, il y a quelques années; mais, comme nos revenus s'amoindrissent de jour en jour, je ne fixe sa mise à prix qu'à la modique somme de cinq cents francs... (*Silence.*) Personne ne couvre l'enchère?... Parmi vous il n'y a donc pas un artiste, un connaisseur, un amateur, un homme enfin qui ait le goût et le sentiment des belles choses?... Voyons, messieurs, faut-il faire un nouveau sacrifice pour que vous profitiez de cette œuvre magnifique!... Je vous l'offre à deux cents francs!... (*Silence.*) A cent francs!... Eh quoi! vous refusez même à cent francs une *Danaé* du Titien, que vous devriez couvrir de pièces d'or!... Mais voyez donc ce sein, ce bras, cette jambe!... Que ne donnerait-on pour posséder une pareille jambe!... Je sais bien qu'on pourra m'objecter que l'on ne connaît que deux *Danaés* du Titien... A cela je répondrai que, puisque ce grand peintre en a fait deux, il n'y a pas de raison pour qu'il n'en ait point fait une troisième.

JULES

Et même un plus grand nombre.

DAVID

C'est évident... Une *Danaé* attribuée au Titien, à cinquante francs... (*Silence.*) A vingt francs... (*Silence.*) A quarante sous...

UN ACHETEUR

Cinq sous.

DAVID

A quarante-cinq sous...

UN ACHETEUR

Cinquante sous.

DAVID

A cinquante sous... (*Silence.*) Vraiment, messieurs, votre indifférence pour ce tableau que le Louvre nous envie, semblerait donner raison aux étrangers, quand ils nous traitent d'épiciers!...

UN ACHETEUR

Trois francs.

UN ACHETEUR

Dix sous.

DAVID

A trois francs dix sous.

UN ACHETEUR

Quatre francs.

DAVID

A quatre francs... (*Silence.*) Cette toile fera la fortune de celui qui l'achètera... Les moindres œuvres du Titien se vendent de deux à trois cent mille francs.

UN ACHETEUR

Quatre francs cinquante.

UN ACHETEUR

Cinq sous.

DAVID

A quatre francs quinze sous... Ah! si les musées des principales villes de l'Europe savaient que nous possédons cette *Danaé*... A quatre francs quinze sous... (*Silence.*) Quatre francs quinze sous, c'est votre dernier mot... Quatre francs quinze sous... Une fois, deux fois...

Adjugé à monsieur, là-bas, qui a ce gros chapeau... Sacrebleu! un tableau d'une pareille valeur, vendu seulement quatre francs quinze sous!... C'est triste à dire, messieurs, mais le goût de l'art s'en va!

HENRI

Ah! vous venez d'en lâcher un !...

DAVID

Vous auriez pu, pour signaler ce jeu de mots involontaire, employer une expression moins pittoresque.

LAURENT, *bas à Louise.*

Le public est froid... Le moment me paraît opportun pour vendre le portrait.

LOUISE, *bas.*

Vous savez que je ne puis disposer que de quinze francs.

LAURENT, *bas.*

Il vous coûtera moins. (*Il donne avec dédain le tableautin à David.*) Un portrait de famille.

DAVID, *le regardant.*

Il est assez bien traité. Eh! eh! je ne serais pas surpris qu'il fût de Gustave Ricard... Il n'est pas signé.

HENRI

On le signera par procuration.

DAVID

A cinquante francs,... à vingt francs,... à dix francs le portrait.

LAURENT, *bas à Louise, qui allait enchérir.*

Pas encore... (*Haut.*) Il y a preneur à vingt sous...

(*Bas à Louise.*) Vous ne pousserez que par cinquante centimes.

DAVID

A vingt sous le portrait.

LOUISE, *timidement.*

Dix sous.

DAVID

A un franc dix sous.

JULES, *bas à Henri.*

C'est donc pour un portrait que la petite est ici... Je vais le faire monter, afin qu'il me reste.

DAVID

A un franc dix sous... Une fois, deux fois... On va l'adjuger.

JULES

Dix francs.

(*Surprise de Louise et de Laurent.*)

LOUISE

Dix sous.

DAVID

A dix francs dix sous.

JULES

Vingt francs.

LAURENT, *bas à Louise qui chancelle.*

Encore cinquante centimes... Je vous prêterai ce qui vous manque.

LOUISE

Dix sous.

DAVID

A vingt francs dix sous.

JULES

Cinquante francs.

LOUISE, *bas à Laurent, en tombant assise sur une chaise.*

Ce portrait eût été mon unique consolation... On vient de me la ravir !

LAURENT, *bas.*

Prenez garde ; c'est un piége que l'on vous tend.

DAVID

A cinquante francs... (*Silence.*) Une fois, deux fois, à cinquante francs. Adjugé à monsieur. (*Désignant Jules.*) O bizarrerie des enchères !... (*Bas à Laurent, en lui donnant le portrait.*) Ce tableau ne vaut pas quatre sous, et il trouve un fou qui le paie cinquante francs ! (*Haut.*) La séance est suspendue... Nous la reprendrons à deux heures... (*Il descend de la table.*) A tantôt !

HENRI, *se découvrant.*

Salut au plus habile encanteur, je devrais dire enchanteur de France et de Navarre !

DAVID

Je suis sensible à vos éloges ; mais ils me causeraient beaucoup plus de plaisir, si vous les gardiez pour les œuvres d'art que je voudrais vous vendre... Je vous tire ma révérence ! (*Il sort, suivi des personnes qui entouraient la table, et en causant avec l'acheteur qui emporte la* Danaé.)

SCÈNE XVI.

HENRI, JULES, LAURENT, ÉDOUARD, LOUISE, *assise.*

ÉDOUARD, *Il se lève vivement en regardant Louise, et bas à Laurent.*

Comme elle est abattue... On dirait qu'elle a pleuré ?

LAURENT, *à Louise, en lui donnant le portrait.*

Faites-lui vos adieux. (*A Édouard.*) Oui, elle a pleuré, par suite d'une méchanceté dont elle vient d'être victime.

ÉDOUARD, *surpris.*

Une méchanceté ?

LAURENT, *bas.*

Commise par l'un de vos amis.

JULES, *s'approchant de Louise.*

Mademoiselle, vous désiriez le portrait que j'ai acheté ; me permettrez-vous d'aller moi-même vous l'offrir ?

LAURENT, *avec intention.*

Vous avez fait une bonne acquisition.

JULES

Je l'ignore.

LAURENT

Aussi, je ne comprends pas que, sans l'avoir vu, vous l'ayez payé un prix aussi élevé.

JULES, *riant.*

J'avais mon idée.

LAURENT, *se contenant.*

C'est ce que je me suis dit : Ce monsieur doit avoir son idée... Et votre idée est...

JULES, *bas.*

La jeune personne est jolie, et ce portrait me servira de prétexte pour m'introduire chez elle... (*Il lui tape sur le ventre en riant.*) Avez-vous saisi ?

LAURENT

Parfaitement .. (*Changeant de ton.*) Savez-vous quel est, pour le moment, le résultat de votre... idée ?

JULES

Parlez.

LAURENT, *bas.*

Cette jeune fille vient d'être dépouillée de l'héritage de sa mère par d'infâmes parentes qui, pour ne pas l'avoir à leur charge, l'ont placée comme ouvrière chez une tailleuse, où, nourrie et logée, elle gagne à peine trente-cinq centimes par jour. C'est avec quinze francs — tout ce que ses privations lui avaient fait épargner pendant ses deux premiers mois de travail — qu'elle espérait acheter le portrait de son père.

ÉDOUARD, *à part, en regardant Louise.*

Pauvre fille !

LAURENT

Et c'est vous, monsieur, qui venez de frustrer cette malheureuse orpheline d'un souvenir précieux pour sa tendresse filiale !

ÉDOUARD, *à part.*

Oh ! cela est indigne !

LAURENT

Elle n'a pu lutter avec vous : elle est pauvre et vous êtes riche. Celui qui abuse de sa fortune est aussi lâche que celui qui abuse de sa force !

JULES, *s'élançant sur Laurent.*

Monsieur...

ÉDOUARD, *le retenant.*

Monsieur a raison.

JULES, *confus.*

Qu'elle garde le portrait de son père... je le lui donne.

LAURENT

Elle le refusera, parce qu'elle ne doit rien accepter de vous.

ÉDOUARD, *bas.*

Je serai peut-être plus heureux... (*Haut.*) Où est ce portrait?

LOUISE, *se levant lentement.*

O mon père! on vous arrache à mon affection!... Priez Dieu pour votre fille qui contemple votre image pour la dernière fois!... (*Elle donne en pleurant le portrait.*) Le voici.

ÉDOUARD, *prenant le portrait sans le regarder.*

Mademoiselle, j'ai quinze mille francs de rente et de plus deux oncles qui valent plusieurs millions. Le moins âgé des deux vient d'entrer dans sa quatre-vingtième année... J'hériterai un jour de leurs millions... Avant leur mort, ils veulent que je me marie avec une personne sage, bien élevée, fût-elle sans fortune, peu leur importe. Vous comblerez leurs désirs en réalisant le mien... (*Se découvrant.*) Mademoiselle, monsieur Édouard de Valdol, en attendant de savoir si vous accueillez favorablement sa demande (*surprise générale*), vous prie d'agréer comme un premier gage de son amour, ce portrait et ce piano qui vous ont appartenus.

LOUISE, *émue.*

Je suis confuse de l'honneur que vous me faites; mais il y a un obstacle qui s'opposera à ce mariage.

ÉDOUARD, *anxieux.*

Quel est cet obstacle?...

LOUISE, *indiquant Laurent.*

Monsieur vous le dira. (*Elle s'éloigne.*)

LAURENT, *bas.*

Cette jeune fille allait être reconnue par son père, quand une attaque d'apoplexie est venue le frapper subitement... La pauvre enfant est restée sans nom.

ÉDOUARD, *résolument.*

Et que m'importe qu'elle soit sans nom !... Une femme en a-t-elle besoin, puisqu'elle doit porter celui de son mari.

LAURENT

Le monde a ses préjugés.

ÉDOUARD

Sont-ils logiques ces préjugés, quand ils font rejaillir une faute sur celle qui en est la victime?... Pour moi, cette jeune fille n'en est que plus intéressante, plus digne de mes sympathies et de mon attachement !

(*Il dépose le portrait sur le piano.*)

LAURENT

Excellent cœur !... (*A Jules et à Henri.*) C'est à des hommes comme celui-là que la fortune, si elle n'était pas aveugle, devrait prodiguer ses faveurs !

HENRI

Elle n'est pas toujours aveugle. (*Il va avec Jules vers le piano.*)

LAURENT

Mais elle est souvent myope. Mademoiselle, monsieur Édouard sera votre époux.

LOUISE, *bas.*

Vous lui avez dit...

LAURENT

Il sait tout et vous en aime davantage.

ÉDOUARD, *tendrement à Louise.*

Mon affection sera-t-elle partagée?

LOUISE

Pouvez-vous en douter! (*Elle lui tend la main qu'il baise avec effusion.*)

JULES, *surpris en regardant le portrait, et à Henri.*

Que vois-je! Ce sont ses traits... C'est bien lui!...

HENRI, *surpris.*

Il ressemble à ton père comme deux gouttes d'eau.

JULES, *prenant le portrait.*

Mademoiselle, ce portrait est-il bien celui de monsieur votre père?

LOUISE

Oui, monsieur, de mon père.

JULES

Vous vous appelez?

LOUISE

Louise Gérard.

JULES, *cherchant à se souvenir.*

Gérard!... Oui... oui... Je me souviens!... Madame Gérard m'a tenu lieu de mère; car je n'ai pas eu le bonheur de connaître celle de qui je tiens la vie... Elle veilla sur mon enfance et ne me quitta que lors de mon entrée au collége... Depuis ce moment, je ne l'ai plus revue; mais je n'ai point oublié ses soins, ses bontés, sa tendresse pour moi... Vous êtes sa fille... Vous êtes la fille de mon père... (*Surprise générale.*) Louise, pardonnez-moi le mal que je vous ai fait et laissez-moi vous embrasser puisque je suis votre frère !

LAURENT, *attendri.*

Voilà qui est agir en galant homme !...

JULES

Ce que mon père n'a point fait... ou n'a pu faire, je le ferai.. Je suis seul, sans famille... Ma maison deviendra la vôtre... Vous la dirigerez ; vous y apporterez l'ordre, la vie, le bonheur... Croyez-moi, Louise, le plus beau logis est bien triste, quand la femme en est absente.

HENRI

Autant vaudrait s'enfermer dans un cloître.

ÉDOUARD, *à Laurent.*

Vous aurez l'obligeance d'envoyer ce piano chez monsieur Lantelme, propriétaire, rue...

LAURENT, *l'interrompant.*

Je connais la maison ; mon père y a travaillé pendant quarante ans.

JULES, *surpris.*

Il se nommait ?

LAURENT

Alexis Laurent.

JULES

Alexis ! notre maître portefaix !... Un honnête homme que j'aimais beaucoup... Je serai bien aise de renouer avec le fils l'amitié que j'avais pour le père. (*Ils se serrent la main.*)

LAURENT

Et moi de vous continuer le dévoûment que mon père avait pour le vôtre.

JULES

Prenez mon bras, Louise, en attendant que vous soyez l'épouse de mon ami Édouard, le cœur le plus noble, le plus libéral et l'esprit le plus droit que j'aie connus...

HENRI

Qui t'a donné de si bons conseils.

JULES

Que j'ai si mal suivis... Mais aujourd'hui ma vie va changer... Ne faut-il pas, comme chef de famille, que je donne le bon exemple.

(*Édouard se met au piano et reprend en sourdine, pendant le dialogue suivant, l'air de* l'Éclair *qu'avait exécuté Louise.*

LAURENT, *bas à Louise.*

Vous étiez sans nom quand vous êtes entrée ici, et vous en sortez avec la promesse de porter bientôt celui de monsieur de Valdol.

LOUISE

Grâce à vous.

LAURENT, *lui donnant le portrait.*

Grâce à votre piété filiale... Mademoiselle, n'oubliez pas de me faire part du jour de votre mariage, et il y aura dans le temple quelqu'un qui unira ses prières à celle des assistants, pour que le Ciel vous accorde toutes ses bénédictions.

LOUISE, *attendrie.*

Ce ne sera pas comme spectateur que vous assisterez à mon mariage; mais pour servir de témoin à l'orpheline à qui vous avez si généreusement tendu la main.

LAURENT, *surpris.*

Moi, votre témoin?... moi, un simple employé?

JULES

Nos origines se valent... Nos pères étaient portefaix... Ils s'aimaient comme deux frères... Le mien s'est lancé dans le commerce où il a réussi, tandis que le vôtre, moins ambitieux, a continué son état. Voilà toute la différence qu'il y a entre nous.

ÉDOUARD, *se levant.*

L'ancienne amitié des pères et la nouvelle affection des enfants comblent le vide que la fortune a pu mettre entre vous.

LAURENT, *ému, en s'inclinant.*

Mademoiselle, je serai votre témoin.

LOUISE, *joyeuse et lui prenant la main.*

Oh! merci!

JULES, *sortant.*

Venez nous voir souvent... Nous parlerons de nos mutuels souvenirs, et quoi qu'il arrive, rappelez-vous que ma maison vous est ouverte et que vous y serez toujours bien accueilli. (*Ils sortent après s'être salués et serré la main.*)

LAURENT, *les accompagnant.*

Mademoiselle, messieurs, au revoir!...

SCÈNE XVII.

LAURENT, puis Mᵐᵉ LASCARD, TAPHIN, Hommes et Femmes.

LAURENT, *descendant la scène.*

Je viens de faire des heureux (*S'asseyant et s'accoudant sur la table.*) Je l'étais autrefois. Oh! la Bourse! la Bourse!... (*On entend la trompette.*)

Mᵐᵉ LASCARD, *suivie de Taphin et de leurs associés.*

Nous voici, mon bon monsieur Laurent...

TAPHIN, *bas.*

Et vous savez qu'entre braves gens...

LAURENT, *se levant.*

Oui, oui, je sais... (*Élevant la voix.*) Messieurs, un peu de silence... La vente va continuer.

RIDEAU

(1879.)

TABLE

DU DEUXIÈME VOLUME

A la Chute des feuilles..........................	5
Un Mari qui se croit aimé......................	57
L'Étoile du Bonheur.............................	109
Une Répétition...................................	151
Sur les bords du Jarret.........	177
Après le Bal masqué.............................	231
La Salle des Ventes.......	273

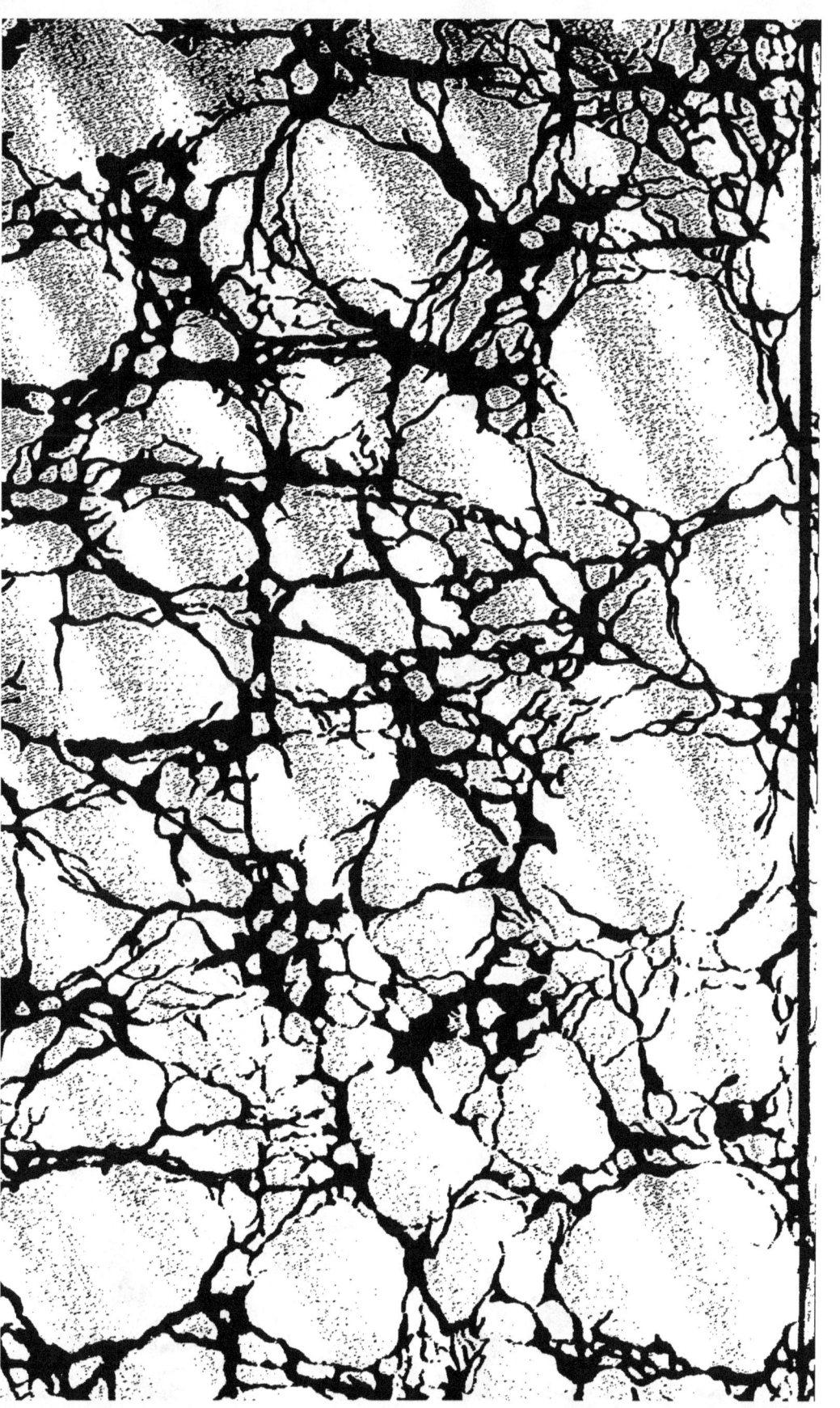

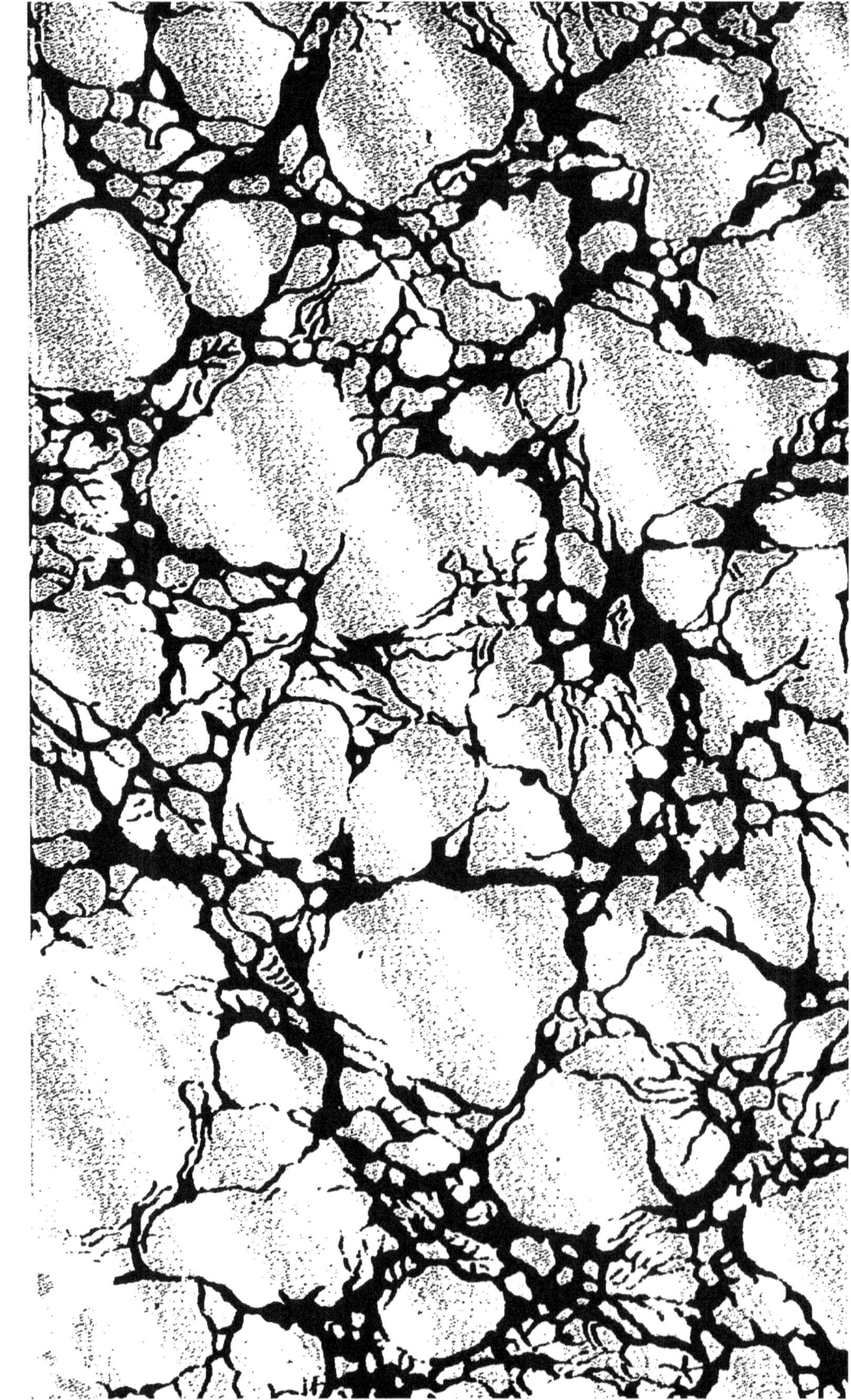

www.ingramcontent.com/pod-product-compliance
Lightning Source LLC
Chambersburg PA
CBHW070946180426
43194CB00041B/1146